Andi Weiss (Hrsg.)

...da hast du mich getragen

Über den Herausgeber

Andi Weiss ist auf zahlreichen Konzerten und Veranstaltungen als Songpoet und Geschichtenerzähler unterwegs. Die andere Hälfte seiner Zeit arbeitet der evangelische Diakon und Logotherapeut in einer Kirchengemeinde. Auch als Buchautor hat er sich bereits einen Namen gemacht. Von der renommierten Hanns-Seidel-Stiftung wurde Andi Weiss mit dem *Nachwuchspreis für Songpoeten* ausgezeichnet und bekam den deutschen Musikpreis *David* in der Kategorie „Bester nationaler Künstler". Außerdem engagiert er sich für die Hilfsorganisation *Opportunity International* (www.oid.org). Er ist verheiratet und lebt in München.

www.andi-weiss.de

Andi Weiss (Hrsg.)

… da hast du mich getragen

Wahre Mutmachgeschichten, die das Herz bewegen

GerthMedien

Inhalt

Es kommt nie und nimmer darauf an,
was wir vom Leben zu erwarten haben,
vielmehr lediglich darauf:
was das Leben von uns erwartet.

Viktor Frankl

Ein Wort zuvor ...

Wer etwas bewegen will, der muss sich bewegen lassen. Und wie ginge das besser als mit Geschichten. In diesem Buch finden Sie bewegende Geschichten aus den bereits erschienenen Büchern *„Ungewohnt leise“*, *„Es wird nicht dunkel bleiben“*, *„Denn Du bist bei mir“* und *„Nie tiefer als in Gottes Hand“* – aber auch neue wahre und Mut machende Erlebnisse. Gelebte Geschichten. Nicht schöngeredete, gefärbte, gebleichte oder gewaschene, sondern echte Geschichten. Geprägt von Freude und Leid, von Hoffnung und Angst, von Jubel und von Tränen. Tränen, die zu Freudentränen wurden und die so von dem *„TROTZDEM“* des Glaubens erzählen. Unterschiedlichste Menschen kommen mit ihrer Geschichte zu Wort. Arbeitssuchende und Erfolgreiche, Visionäre und Zweifler, Kranke und Gesundgewordene, Lebemänner und Mauerblümchen. Aber so unterschiedlich die Lebensentwürfe dieser Menschen auch sein mögen: An den einschneidenden Erlebnissen, existenziellen Weggabelungen und markanten Wegpfeilern, die uns in unserem Lebensweg vor entscheidende Fragen stellen, kommt kein Mensch vorbei. Der KZ-Überlebende und Psychotherapeut Viktor Frankl definierte einmal die „tragische Trias“, die jedes Menschenleben betrifft. Drei Tatsachen, denen jeder Mensch in seinem Leben begegnet: dem Leid, der Schuld und dem Tod. Er schreibt: *„Das Leiden, die Not gehört zum Leben dazu wie das Schicksal und der Tod. Sie alle lassen sich vom Leben nicht abtrennen, ohne dessen Sinn nachgerade zu zerstören. Not und Tod, das Schicksal und das Leiden vom Leben abzulösen, hieße dem Leben die Gestalt, die Form nehmen. Erst unter* *den Hammerschlägen des Schicksals, in der Weißglut des Leidens an ihm, gewinnt das Leben Form und Gestalt.*"[1] Und so lädt Frankl ein, auch die großen Schicksalsschläge als Aufgabe und Herausforderung im Leben anzunehmen und somit Leid in Leistung, Schuld in Wiedergutmachung und die begrenzte Lebenszeit in einen verantwortlichen Lebensstil zu verwandeln.

Ich liebe die Psalmen! Wie oft weiß der Psalmdichter in der Gegenwart noch nichts von Gottes Hilfe. Wie oft scheint er im Hier und Jetzt an seiner Situation zu verzweifeln oder sogar zu zerbrechen. Aber in der Rückschau sieht er die wundervolle Begleitung, die Sinnfunken in der eigenen Biografie wie ein kunstvolles Bild, aus der Hand eines wunderbaren Künstlers, und kann dankbar sagen: „*... da hast du mich getragen!*"

Ich möchte den vielen Autoren danken, die bereit waren, ihre persönlichen Geschichten für dieses Buch aufzuschreiben. Geschichten, die wie ein Vogel noch in der tiefen Nacht zu singen beginnen und so trotzig hoffend in der noch traurigen Dunkelheit schon den kommenden Morgen ankündigen. Danke für alle Ehrlichkeit. Danke für alles „*Teil-haben-Lassen*". Ich bin bewegt, wie viele dieser Geschichten wiederum neue Geschichten geschrieben haben. In den vergangenen Jahren haben wir auf die Geschichtenbücher unzählige dankbare Rückmeldungen bekommen. Menschen, die durch diese Geschichten heilsam erinnert werden durften: „Ich bin mit meiner Lebensgeschichte nicht allein!"

Ich wünsche Ihnen, dass jede einzelne Erzählung in diesem Buch Gottes Liebe in Ihr Herz schreibt. Ich wünsche Ihnen viel Freude

1 Viktor Frankl, Ärztliche Seelsorge, S. 118

und Ermutigung beim Lesen der Geschichten. Ich wünsche Ihnen Mut, wieder aufzustehen, weiterzumachen, weiterzugehen, weiterzuleben, festzuhalten und weiterzuglauben.

Bleiben Sie behütet!

Ihr

Andi Weiss

„Safah“ oder: „Der Vater ist wirklich stolz auf mich?“

Ich traf den Vater mit seinen zwei Söhnen vor ein paar Jahren in den Bergen des Nordirak. Bagdad und der Zentralirak begannen in diesen Tagen in Gewalt und Terror zu versinken. Immer mehr Menschen flohen aus dem Chaos in das wesentlich sicherere „irakische Kurdistan“, eine Region, die nicht nur von muslimischen Kurden bewohnt wird, sondern unter anderem auch Heimat der Assyrer ist. Die Assyrer sind orientalische Christen, in deren Gottesdiensten die biblischen Texte noch in Aramäisch, der Sprache Jesu, gelesen werden.

Es war kein Zufall, dass ich den Vater mit seinen zwei Söhnen traf. Der Leiter unseres irakischen Teams, mein „Bruder“ Jacob, hatte darauf bestanden, dass ich den Vater und seine zwei Kinder besuche, deren Mutter nach einem schweren Nerven- und Kreislaufzusammenbruch in der Klinik einer nahe gelegenen Stadt lag. Als Mitarbeiter der Stiftung „Wings of Hope“ versuchten der irakische Kinderarzt und ich, der deutsche Diakon, Kindern des Krieges und ihren Familien beizustehen.

„*Salam aleikum*, Doktor, schön, dass Sie uns wieder besuchen! Wen haben Sie denn heute mitgebracht?“, fragte der Vater, als wir an sein Zelt kommen. „Einen Gast aus Deutschland. Herr Peter ist sein Name“, stellte mich Jacob vor. – „Es freut mich sehr, Herr Peter, dass Sie den weiten Weg aus Deutschland zu mir und meinen Söhnen gefunden haben. Es ist eine Ehre für unser Zelt! Lieber würde ich Sie in unserem Haus in Bagdad begrüßen. Aber Bagdad gibt es für uns nicht mehr. Bagdad werden wir nicht mehr betreten. Doch seien Sie unbesorgt, wie Sie selbst sehen können, tragen wir die Erde für die Fundamente unseres neuen Hauses schon ab. Wenn Sie uns in einem halben Jahr besuchen, wird das neue Haus schon stehen und meine Frau wird Sie bewirten. Jetzt können wir Ihnen nur Tee anbieten. Bitte treten Sie in unser Zelt ein!"

Der starke schwarze Tee, den die Menschen hier im Irak lieben, steht schon auf dem Samowar. Er wird aus kleinen Tassen und zuckersüß getrunken. Dazu gibt es ein Glas kaltes, klares Gebirgswasser. „*Besimarawa!*", sage ich, was auf Assyrisch „danke" heißt. Mithilfe des Doktors erkundige ich mich nach dem Zustand der Frau, der Eingewöhnung in die neue Umgebung, der Schule für die Kinder, nach der neuen Nachbarschaft, und frage, ob wir helfen können.

Der Vater dankt für mein Interesse. Er entschuldigt sich nochmals für die widrigen Umstände, während der ältere Sohn ein Schälchen mit Nüssen in die Mitte stellt. Noch wird er meine Fragen nicht beantworten. Wir sind im Orient. Erst fragt er nach meiner Familie: Ob ich Söhne habe? Töchter? Wie es meiner Frau gehe? Ich muss von meiner Reise erzählen und was ich über die Situation im Irak denke.

Nachdem ich ausführlich erzählt habe, beginnt er in kurzen und abgehackten Sätzen seine Geschichte zu formulieren. Er erzählt von Bagdad und von Safah, dem älteren Sohn, der eines Tages nicht mehr von der Schule nach Hause kam. Der Doktor übersetzt. Die Atmung des Vaters geht schneller und ich kann die Halsschlagader des Mannes pochen sehen. Seine Hände sind ineinander verschränkt. Ob er betet? Die Finger umklammern einander so stark, dass die Knöchel hervortreten und eine weiße Färbung annehmen. Safah, der neben seinem Vater sitzt, ist noch bleicher geworden, als er es ohnehin schon war. Er sitzt im Schneidersitz auf dem mit Teppichen ausgelegten Zeltboden und hält sich mit den Händen an den eigenen Beinen fest. Immer mehr krümmt er sich zusammen, so wie ein Kind, das unter Bauchschmerzen oder Magenkoliken leidet.

Der jüngere Sohn versucht während der Erzählung seines Vaters mit angstvoll geweiteten Augen seine nicht mehr vorhandenen Fingernägel abzubeißen. Der Vater erzählt von einem Telefonanruf. Von den 10.000 US-Dollar, die er zahlen müsse, wenn er seinen Sohn lebendig wiedersehen wolle. Er spricht von den Verwandten und Freunden, die geholfen haben, das Geld zusammenzutragen. Von den vier Wochen des Bangens und Wartens, in denen seine Frau alt und grau geworden sei. Von der gespenstisch anmutenden Übergabe des Geldes an einen unbekannten und maskierten Mittelsmann, der auch noch bezahlt werden musste. Er berichtet von dem Moment, in dem er den Kofferraum des Autos öffnete, in den man Safah gesperrt hatte, und er seinen halb verhungerten und verdursteten, ausgemergelten, nach Kot und Urin stinkenden Sohn in die Arme nahm und weinend nach Hause trug. Und der Vater beginnt wieder zu weinen, auch Safah weint, beide lautlos, nur der kleine Bruder ist zu hören. Er maunzt wie eine kleine Katze, die alleingelassen wird.

Der Doktor sagt leise zu mir: „*This is Iraq today, my Brother Peter!*" So sieht es also im Irak heute aus. Der Doktor nimmt den „kleinen Maunzer" in den Arm und gibt mir ein Zeichen. Vorsichtig biete ich dem Vater und dem Sohn meine offenen Hände an. Der Vater legt seine Rechte in meine Linke und der Sohn seine Linke in meine Rechte. Mit den beiden anderen Händen halten sie einander fest. Der kleine Bruder beruhigt sich und seine Tränen versiegen.

„Ask Safah, I will translate – Frage Safah, ich werde übersetzen", ermutigt mich der Doktor. Ich nicke, warte noch ein paar Sekunden und frage dann den Sohn: „Willst du mir etwas erzählen?" Und er erzählt. Erst stockend, aber dann mit immer sicherer werdender Stimme. Er beschreibt die Angst. Den Hunger. Den Durst. Den Dreck. Da war keine Toilette, kein Waschbecken, kein Brunnen, keine Quelle, kein Fluss. Ab und zu eine Karaffe mit Wasser. Er spricht von dem dunklen Keller. Dem Verlust des Zeitgefühls. Der Brutalität des Wächters, der immer mit den Füßen nach ihm trat. Er erzählt, wie er mit diesem Wächter angefangen hat, sich zu unterhalten. Wie er versuchte, nett zu ihm zu sein, höflich und freundlich, und wie dessen Grausamkeiten dadurch allmählich aufhörten. Er schildert die Demütigungen. Er berichtet von dem Gefühl, versagt zu haben. Von der Scham, den Eltern und der Familie so viele Sorgen bereitet zu haben. Von seinen Albträumen und der Todesangst. Immer wieder blickt er mich zweifelnd und fragend an.

„Du bist ein sehr kluger, tapferer und mutiger Junge." Ein paarmal sage ich das zu ihm. Der Doktor übersetzt. Der Vater nickt zustimmend. „Dein Vater ist stolz auf dich!"

Der Doktor übersetzt weiter. Die Augen des Vaters blitzen ein wenig. Zaghaft, aber bewundernd blickt der kleine Bruder aus den sicheren Armen des Doktors auf den „Großen". „Und für deinen kleinen Bruder bist du ein großes Vorbild", sage ich. „Ich habe versucht, davonzulaufen, aber sie waren einfach schneller und stärker und zerrten mich ins Auto", gesteht Safah. „Du hast es ihnen nicht leicht gemacht, aber als du gemerkt hast, dass es keine Chance für dich gibt, da hast du deine Kräfte für später gespart und dafür gesorgt, dass sie dich nicht noch mehr verletzten. Du hast sogar deinen Wärter besänftigt und auf diese Weise erreicht, dass du nicht getreten wirst. Du warst wirklich tapfer und klug!", sage ich anerkennend. „Ich habe, wenn ich allein im Keller war, so lange gerechnet und mir Geschichten ausgedacht, bis ich eingeschlafen bin." – „Du bist ein schlauer Bursche! Du weißt, dass man schlafen muss, um seine Kräfte zu schonen und dass man das Gedächtnis trainieren muss, um fit zu bleiben! So hast du es geschafft auszuhalten, bis dein Vater das Geld zusammen hatte. Ihr seid ein gutes Team!" – „Gott hat uns geholfen!", sagt Safah. Der Doktor flüstert mir zu: „Bruder Peter, du solltest jetzt mit ihnen beten, sie sind gläubige Menschen!"

Ich beginne für Safah und seine Familie zu beten: „Vater im Himmel, guter Gott. Du hast Safah geholfen. Du hast ihm die Kraft gegeben. Er war mutig, stark und klug! Er hat die Hoffnung nicht aufgegeben. Seine Hoffnung war stärker als die Unmenschlichkeit! Er glaubte an den Vater, der ihm helfen würde. Du hast seinem Vater geholfen: Er hat es geschafft, Safah zu befreien. Ihr Glaube war stärker als die Entführer. Du hast Safahs Bruder und seiner Mutter geholfen: Sie haben das Vertrauen und die Hoffnung niemals verloren und waren immer in Gedanken bei Safah. Beschütze bitte die Mutter im Krankenhaus, damit sie sich gut ausruhen kann, wieder zu Kräften kommt und bald in das neue Haus zurückkehren kann. Safah, der Vater im Himmel, der gütige Gott, der auf dich stolz ist, segne und behüte dich und deine Familie auch weiterhin. Amen."

„Der Vater ist wirklich stolz auf mich?", fragt Safah. „Ja, Safah, der Vater ist wirklich stolz auf dich!"

Peter Klentzan, Diakon, Leiter des TraumaHilfeZentrums der Stiftung „Wings of Hope" am Labenbachhof in Ruhpolding, Jahrgang 1957, Röhrmoos, www.wingsofhope.de

Friederike

Meine Tochter Friederike kam 1991 unter dramatischen Umständen zur Welt. Ihr Weg ins Leben war steinig, und bald nach der Geburt stellte sich heraus, dass sie aufgrund einer cerebralen Lähmung wahrscheinlich nie laufen können würde. Diese Diagnose stellte das Leben unserer Familie komplett auf den Kopf. Ich musste plötzlich Entscheidungen treffen, auf die ich nicht vorbereitet war: Wie soll das Kind gefördert werden? Welche Therapien sind notwendig? Welche Operationen sind wann und wo durchzuführen? Was wird mit meinem Beruf? Wo wird Friederike in den Kindergarten, in die Schule gehen? Verwandte, Freunde, Bekannte, Unbekannte, Ärzte, Betreuer, Eltern anderer Kinder, Fremde redeten auf uns ein: Macht dieses, macht jenes, geht zu dem Arzt, fahrt zu der Therapie, probiert diese Medizin, ihr müsst doch …

Eines Tages fuhr mich eine Ärztin ziemlich barsch an und erklärte mir, dass Friederike für immer im Rollstuhl sitzen würde, wenn ich nicht regelmäßig eine bestimmte Therapie mit ihr mache. Falls meine Tochter nie laufen können würde, wäre das dann ganz allein meine Schuld. Da regte sich in mir Widerspruch. Ich blickte zurück auf mein bisheriges Leben und erkannte, welche Schwierigkeiten ich bereits erfolgreich gemeistert hatte. Wie durch ein Wunder hatte ich immer die richtigen Entscheidungen getroffen. Und mir wurde bewusst: Es war nicht etwa Zufall oder ein harter Schicksalsschlag, der mich mit der Geburt meiner Tochter getroffen hatte. Ich war auserwählt worden, dieses besondere Kind zu begleiten. Es wurde mir anvertraut, weil ich in der Lage war, mit der Situation gut umzugehen und für meine Tochter auf die richtige Weise zu sorgen. Für mich war es kein Unglück, dass ich sie hatte, sondern ein großes Glück. Ich brauche weder Mitleid noch Anerkennung. Gott hat mir die Anerkennung bereits dadurch geschenkt, dass er mich für die richtige Person hielt, um für diesen besonderen Menschen zu sorgen. Und das Schönste ist: Friederike ist sich sehr wohl bewusst, dass sie es gut getroffen hat. Und dafür ist sie sehr dankbar.

Cornelia Beck, Verwaltungsangestellte, Jahrgang 1958, München

Walfisch

Es ist morgens 6.45 Uhr. Mein Sohn Johannes geht noch einmal kurz in den Keller, um den „Schulsprudel" zu holen. Er kommt kreidebleich wieder hoch und ruft aufgeregt: „Mama, der Keller ist voller Wasser, in jedem Raum ist es nass!" *Das ist die erste große Katastrophe seit dem Tod meines Mannes Bernd*, schießt es mir durch den Kopf. Gerade haben wir den normalen Alltag wieder einigermaßen im Griff, da kommt der nächste Härtetest. Ich rase in den Keller und sehe es mit eigenen Augen, dass Johannes wirklich keinen schlechten Witz gemacht hat (bei Kindern kann man ja nie wissen!). Tatsächlich ist es überall feucht, unsere Zisterne scheint irgendwo Wasser gelassen zu haben. Ich bin wie gelähmt. Oh Gott! Reicht es denn nicht langsam? Muss das auch noch sein? Der zweite Blick verrät mir, dass sich die ganzen Flickenteppiche, die ich überall im Keller ausgelegt habe und über die mein Mann immer gelächelt hat, mit Wasser vollgesaugt haben. Gott sei Dank, dass sich das Wasser noch nicht an die Möbel und an die Kühltruhe herangewagt hat! Diese Erkenntnis zaubert mir – im Angesicht der Überschwemmung – ein zaghaftes Lächeln aufs Gesicht. Die Teppiche, die Bernd immer für überflüssig gehalten hat, sind jetzt meine Rettung. *Tja*, sage ich in Gedanken zu ihm, *du siehst, sie sind doch zu etwas nütze …*

Ich renne zum Telefon und denke an all die Männer, die mir sonst immer helfen. Die sind jetzt auf der Arbeit – wen soll ich jetzt außer dem Notdienst anrufen? Mir fällt der Freund meiner Tochter ein, der jetzt gerade Zivildienst macht und vielleicht mit einigen Zivis eine „Noteinsatztruppe" bilden könnte. Ich wähle schnell seine Handynummer. Markus nimmt gleich ab, und ich sprudle nur so aus mir heraus, als er mich unterbricht und flüstert: „Hey Conny, psst, wir haben gerade Andacht. (Typisch, junge Leute lassen das Handy selbst während der Andacht an, aber im Kino machen sie es brav aus!) Da höre ich plötzlich, wie im Hintergrund jemand den Satz vorliest: „… und Jona saß im Bauch des Fisches drei Tage lang". Als ich diesen Vers hörte, musste ich wieder lächeln. Auch ich war gerade in einer glitschnassen Situation. Ich kam mir plötzlich vor wie Jonas Schwester. *Mann*, dachte ich, *Gott hat echt Humor, dass er mir gerade jetzt diesen Satz zuwirft.* Und so bin ich wieder in meinen „Walfischbauchkeller" gestiegen und wusste plötzlich: „Er ist da! In deiner Nässe, in deinem ‚Walfischbauch', in deiner schwierigen Situation!" Plötzlich fühlte ich, dass Gott mir ganz nahe war. Ich wusste: Ich bin da unten nicht allein. Ich spürte die himmlischen Heerscharen an meiner Seite. Irgendwoher bekam ich plötzlich eine Wahnsinnspower, Teppiche herauszuziehen, Möbel zu verschieben und das Wasser aufzuwischen. Ich bekam genau diese Extraportion Kraft, die diese Situation erforderte. Die bloße Verzweiflung machte der Heiterkeit Platz – dem Lächeln über Gottes Humor und seine „Sonderzuwendung" für Witwen, die sich wie Jonas Schwestern fühlen. Die erste große Herausforderung in meinem Leben ohne Bernd war geschafft, wie durch ein Wunder. Als Markus nach der Andacht anrief, konnte ich ihm sagen: „Nottrupp absagen! Habe vieles alleine und mit himmlischer Unterstützung geschafft!" Und da sage einer, Glaube habe nichts mit unserem ganz normalen Alltag zu tun!

Cornelia Gorenflo, Religionspädagogin, Jahrgang 1958, Bruchsal

Ein Tropfen Wasser

Ich sitze in meinem Gästezimmer, in Vellore, Südindien, und bin unglaublich müde. Nicht körperlich – die Hitze mag ich –, aber ich bin innerlich erschöpft. Mein Herz ist ohne Hoffnung und voller Bilder: der ausgetrocknete Fluss in der Stadt, das Staudamm-Projekt im Norden, das dem Süden die Dürre beschert, die Bettler, der Staub und die vielen hungrigen Kinder … In Indien leben über 20 Millionen Kinder auf der Straße. In dem Kinderheim, wo ich gerade zu Gast bin, leben zwanzig von ihnen. Resigniert denke ich: Da ist er wieder, der berühmte Tropfen auf den heißen Stein.

Es klopft. Eine junge Frau steht in meiner Tür und fragt, ob sie mir etwas zu trinken bringen dürfe. Ich bitte sie herein und wir trinken beide ein Glas frisches Wasser, schweigen, sehen uns an. Ich denke wieder einmal an den berühmten Streit zwischen dem Optimisten und dem Pessimisten, die sich nicht einig sind, ob das Glas halb voll oder halb leer ist. Ich für meinen Teil denke, dass ein Mensch dir jedenfalls einfach ein Glas Wasser bringt, das dich erfrischt. Die junge Frau merkt wohl, dass ich geweint habe. Ich betrachte ihre langen schwarzen Haare und ihre dunkle Haut, und denke, dass wir uns trotzdem ähnlich sehen. Genau in diesem Moment sagt sie zu mir: „Ich dachte gerade: Wenn ich Europäerin wäre, würde ich so aussehen wie du; nur deine hellen Haare und deine helle Haut sind so anders." Ich merke, dass mir wieder die Tränen kommen. Ich trinke mein Glas aus, sie schenkt nach. Ich erzähle ihr, was ich in den letzten Tagen gesehen habe, und sage: „Ich musste den ganzen Tag an ein deutsches

Sprichwort denken, in dem es heißt: Die Not ist so groß, dass dir jede Hilfe wie ein Tropfen auf einen heißen Stein vorkommt." Sie nickt. Ich spüre, sie versteht mich. Aber sie stimmt mir nicht zu, sondern sagt: „Ich kenne dieses Sprichwort nicht. Dennoch: Wenn ich ein Tropfen wäre, würde ich immer dahin gehen, wo kein Wasser ist."

Sie steht auf und geht zur Tür; dreht sich noch einmal um und meint: „Und vorher würde ich noch ein paar andere Tropfen sammeln und dann würden wir gemeinsam gehen. Komm, die Kinder warten sicher schon und wollen singen!"

Ich bitte sie, schon einmal vorauszugehen. Als ich ein paar Minuten später bei den Kindern bin und nach der jungen Frau frage, weiß niemand, wen ich meine. Ich habe sie nicht nach ihrem Namen gefragt. Ich beschreibe sie, aber niemand hat sie gesehen, niemand kennt sie. Niemand glaubt mir, dass da überhaupt jemand war. Ich denke: *Dann war sie vielleicht ein Engel.* Sollte es ein Engel gewesen sein?

Ein Engel mit einem Tropfen Wasser. Auf einen heißen Stein? Nein, es war ein Tropfen in mein Herz. Und ich merke, ich kann mich entscheiden: Mein Herz soll kein Stein sein. Mein Herz soll sich um die Durstigen kümmern. Und vorher werde ich noch ein paar andere Tropfen sammeln.

Christina Brudereck, Evangelistin, Jahrgang 1969, Essen

Wie ein Hammerschlag

Die Nachricht, krank zu sein, hat mich getroffen wie ein Hammerschlag. Sie hat mich umgeworfen, obwohl ich geahnt hatte, dass mit mir etwas nicht in Ordnung ist. Ich habe darauf bestanden, dass die Ärzte meiner Ahnung nachgehen. Sie wollten es zunächst nicht glauben, dass ich mit meinen damals 29 Jahren an einer lebensbedrohlichen Krankheit litt. So jung, mit einer Mutter, die im Sterben liegt – das kann nur Stress bedeuten … Das Ergebnis der Untersuchung hat mir der Arzt mit großer Behutsamkeit mitgeteilt: Ich hatte ein Lymphom, eine bösartige Erkrankung des Abwehrsystems. Drei Wochen später wurden mir bei einer Operation vier Fünftel des Magens und ein Teil der Speiseröhre entfernt. Ich wehrte mich gegen die anfängliche Behutsamkeit der Ärzte. Ich wollte eine Antwort auf die Frage: „Habe ich überhaupt noch eine Chance?" Die Außenwelt war in der Zeit, als das Wissen um meinen Zustand noch relativ neu war, völlig abgeschaltet. Ich war nur auf mich konzentriert – darauf, dass mein Leben wahrscheinlich keine Zukunft mehr hat. Auch meine Einstellung zu Gott, zum Glauben an ihn, war sehr verhalten. Ich habe wenig fromme Gedanken gehabt und gar nicht über ein hilfreiches Eingreifen Gottes nachgedacht. Einmal hatte ich das Bedürfnis, einen Klagepsalm zu lesen, weil ich die Sprache und Ausdruckskraft der Psalmen sehr schätze. Ich suchte und blätterte, war dann sehr zornig, weil ich nur Psalmen fand, die nach der Klage einen sogenannten Stimmungsumschwung enthielten. Mir war das zu viel Zuversicht und Hoffnung. Ich wollte etwas lesen, das meiner Situation mehr entsprach.

Endlich fand ich einen Psalm, in dem ich mich ernst genommen fühlte. Es ist der 88. Psalm – ein Schrei zu Gott, der von Verlassenheit und Todesnähe zeugt. In diesen Versen ist die Rede davon, wie der Psalmbeter von seinen Freunden und von der Familie entfremdet wird. Ich habe zwar nicht die Erfahrung gemacht, dass sich irgendjemand von mir abgewendet hätte, im Gegenteil: Jeder war besorgt um mich. Aber ich hatte keinen wirklichen Anteil mehr am Leben derer, die mir bis dahin vertraut waren. Ihr Beruf, ihr Erfolg, alles, was sie interessiert hat und für sie wichtig war, war für mich völlig bedeutungslos geworden. Ich habe das Leben der anderen sozusagen von außen betrachtet, als Zuschauerin, die keine Möglichkeit hat, in irgendeiner Weise daran teilzunehmen. Hin und wieder habe ich mich auch selber als Last empfunden, als jemand, der das Wohlbefinden der anderen stört.

Gerade weil ich von keinem Treffen, keiner Aktivität ausgeschlossen wurde und überall dabei sein konnte – zumindest körperlich –, habe ich mich und andere beständig daran erinnert, dass das Leben nicht so heiter und problemlos ist, wie man es gern – und auch zu Recht – in unbeschwerten Augenblicken erlebt. Ich hatte oft das Gefühl, dass durch meine Gegenwart den anderen das Lächeln im Gesicht eingefroren ist und sie nicht so sein konnten, wie sie es wohl gern gewesen wären. Im 88. Psalm ist die Rede von Schrecken und Grimm, die einen bedrängen wie Fluten. Ich habe das genauso empfunden – allerdings, ohne jemals die Frage zu stellen: Warum ich? Ich erinnere mich, dass meine Freundin nach der Diagnose verzweifelt sagte: „Vielleicht haben die ja bloß was vertauscht, und es ist jemand anderes, der so krank ist." Nein, das war ich, die gemeint war. Warum nicht ich?

Es ging, und so verstehe ich es immer noch, um einen Dialog, den ich mit mir selbst zu führen habe. Die Ärzte haben nach anfänglichem Zögern bis heute respektiert, dass ich nur das als das Meine annehmen kann, worüber ich etwas Bescheid weiß. Als ich nach drei Wochen Warten und weiteren Untersuchungen in die Klinik kam, war ich geradezu erleichtert. Endlich war ich nicht mehr allein in einer Welt, die mich nichts mehr anging, sondern in einer anderen, in der sich alles um das Kranksein drehte, um das für mich Eigentliche, Wesentliche. Aber bald machte ich auch hier die Erfahrung, dass ich nicht mehr dazugehörte. Mir begegneten die Schwestern mit besonderer Aufmerksamkeit, ich durfte jeden Wunsch äußern – im Gegensatz zu allen anderen, die sich den normalen Abläufen stellen mussten. Es bedeutet in einem Krankenhaus nichts Gutes, wenn einem alles erlaubt ist.

Ein paar Abende vor der Operation tappte ich im Schlafanzug um neun Uhr abends zu dem diensthabenden Arzt und ließ mir per Zeichnung die geplante Operation erklären. Er meinte, dass „vielleicht 20 Prozent das Ganze überleben – aber warum sollten Sie nicht dazugehören?" *Das muss man aushalten können, wenn man auf Wahrheitsliebe pocht*, dachte ich mir in diesem Moment. Die spätere, „echte" Prognose war noch wesentlich schlechter – sie ging gegen null. Ich akzeptierte beide Vorhersagen, denn ich wollte nicht nur wissen, woran ich bin, sondern auch, wogegen ich mit Gottes Hilfe kämpfen muss. Neben der Wahrheitsliebe habe ich bis heute von meinen Ärzten auch immer wieder viel Zärtlichkeit und Humor erfahren – bis hin zu einer regelrechten Begeisterung, wenn ich wieder „heil" aus der Jahresuntersuchung hervorgehe.

Langsam ist eine große Ruhe und Zufriedenheit in mir eingekehrt. Nach meiner Operation, als ich einmal ganz allein in meinem Zimmer lag, hatte ich den Gedanken: „Endlich will keiner mehr etwas von mir. Endlich bin ich ganz bei mir selber." Ich habe gemerkt, wie sehr ich vorher, vor meiner Krankheit, untergegangen bin in Ansprüchen, Erwartungen, Forderungen. Ich habe verstanden, dass ich nicht mehr richtig vorgekommen bin in all dem, was ich an Wichtigem zu tun und zu werkeln hatte. Ich habe gelernt, dass wirklich alles im Leben seine Zeit hat. Auch das Kranksein. Ich hatte Zeit, an mich zu denken und über mich nachzudenken. Ich durfte in der Klinik ich selbst sein; konnte schlafen, wann ich wollte, reden, wann ich wollte, weinen, lachen – alles war möglich, wann immer mir danach war.

Nie zuvor habe ich jede Minute eines Tages und einer Nacht so bewusst und ausgeglichen erlebt wie in den Wochen meines Krankenhausaufenthaltes. Die Auseinandersetzung mit mir hatte ihre Zeit. Der Professor, der die Chemotherapie überwachte, trug stets neue Bücher über den Zusammenhang zwischen bösartigen Erkrankungen und Psyche herbei und wollte meine Meinung dazu hören – und mich damit bei meiner Reflexion unterstützen. Die meisten Ärzte hockten sich auf mein Bett, waren nicht mehr weit weg und sprachen mit mir über mein Befinden, über meinen Glauben und den Gott, der einen auch in den tiefsten Tiefen hält. Ich mochte es, wenn sie meine Hand streichelten, weil mir diese körperliche Nähe bei all den körperlichen und seelischen Mühen guttat.

Streng waren die Ärzte, als ich nach sechs Wochen intravenöser Ernährung einfach nicht essen wollte. Da blieb mir nichts anderes übrig als zu gehorchen, wenn ich nicht in der Klinik bleiben wollte. Gehorsam sein musste ich auch bei einer noch mühsameren Angelegenheit als dem Essen. Ich musste bougiert werden, das heißt, einen Gummischlauch schlucken, um die sich immer wieder zusammenziehende Narbe in der Speiseröhre offen zu halten. Durch einen Trick, den mir die Ärzte und Schwestern liebevoll beibrachten, lernte ich, den Schlauch eigenständig zu schlucken, und tat das dann auch ein Dreivierteljahr, bis die

Gefahr vorüber war. Oft habe ich mit meinem Gott gehadert wegen dieser elenden Schinderei, habe ihn gebeten, mir die nötige Kraft für diese Tortur zu geben. Auch die Zeit der langen Chemotherapie hat mich gebeutelt, aber auch gestärkt – beides zugleich.

Ich habe zulassen können, dass mir übel war, dass ich nicht aufstehen konnte, nichts tun konnte, dass ich nicht schön war, weil ich keine Haare mehr auf dem Kopf hatte, dass ich körperlich ein Häufchen Elend war. All das war „dran“, es war in diesem Augenblick entscheidend, es war die Realität. Nichts, was vorher mein Leben ausmachte, hat mehr gezählt; ein Nachher lag sowieso außerhalb jeder Diskussion. Ich habe es auch in quälenden und schweren Stunden als Entlastung empfunden, nicht mehr an früher, an meine vergangene Vitalität zu denken, und schon gar nicht an neue Lebensmöglichkeiten. Der Augenblick war wichtig, egal, wie er ausgesehen hat. Ich habe gespürt, was es heißt, allein aus Gnade gerechtfertigt zu sein – sich bleich, glatzköpfig und ängstlich zu erleben und doch von Gott geliebt und angenommen zu wissen, ohne strahlend großartig vor ihm dazustehen.

Beinahe unmerklich hat sich für mich dann der Wandel vollzogen. Ich erlebte die Wendung einer menschlich gesehen völlig aussichtslosen Lage hin zu der Perspektive, wieder zu leben. Leben heißt nach solchen Monaten nicht einfach Rückkehr in das Gewohnte. Niemand kann so tun, als wäre nichts gewesen. Die beständigen ärztlichen Kontrollen, das Wissen, dass die Krankheit wiederkommen kann, verhindert die „Normalität“. Das Damoklesschwert hängt einem nach einer solchen Krankheit über dem Kopf, solange man lebt. Aber gerade durch diese Realität ist für mich jeder neue Tag ein Gottesgeschenk geworden. Ich freue mich, wenn ich morgens die Augen aufmachen und aufstehen darf. Ich bin froh, wenn ich mich bewegen, wenn ich denken, reden, lachen und auch immer wieder weinen kann. „Kauft die Zeit aus“, heißt es im Epheserbrief des Neuen Testamentes.

Das ist eine Aufforderung, die mein Leben prägt. Ich nehme Dinge wichtig, die nach sogenannten „normalen“ Maßstäben reine Nebensächlichkeiten oder sogar unangenehm sind. Ein nebliger Tag fasziniert mich, auch wenn das Autofahren dadurch erschwert wird. Regentropfen klingen wie Musik; Wind und Schnee können mich übermütig machen wie ein Kind. Mond und Sterne am nächtlichen Himmel bestaune ich sehr lange, auch wenn es dabei eiskalt und erkältungsverdächtig ist. Ein Hund, der ins kalte Wasser springt und sich anschließend tüchtig schüttelt, lässt mich alles andere um mich herum fast vergessen. Jede Form von Arbeit macht mich froh, weil ich sie tun kann. Wenn ich mich kräftig abgehetzt habe und kurzatmig am Ziel ankomme, dann denke ich mir, wie schön es ist, wieder eine geschäftige Miene aufsetzen und am Weltgeschehen mitwirken zu dürfen.

All das heißt nicht, dass ich nun nur noch auf der Sonnenseite des Lebens wandle. Narben und körperliche Einschränkungen, neue Krankheiten sorgen ebenso für schattige Augenblicke wie das Mit-Leiden an den Nöten anderer. Die Welt wird wegen mir nicht angehalten; die Schonzeit nach meiner Krankheit ist längst vorüber. Aber das ist gut so. Wertvoll für mich und andere ist mein Leben nicht in der sorglosen, abgeschiedenen Idylle, auch nicht im resignativen Rückzug von allem Geschehen. Kostbar wird es dadurch, dass ich meine leidvollen Erfahrungen mit hineintrage in die Beziehung zu anderen Menschen. Der Philosoph Georg Friedrich Wilhelm Hegel hat sich in seiner Vorrede zur „Phänomenologie des Geistes“ mit dem Tod auseinandergesetzt: „Nicht das Leben, das sich vor dem Tode scheut und von der Verwüstung rein bewahrt, sondern das ihn erträgt und in ihm sich hält, ist das Leben des Geistes. Er (der Tod, Anm. der Autorin) gewinnt seine Wahrheit nur, indem er in der absoluten Zerrissenheit sich selbst findet. Diese Macht ist er nicht als das Positive, welches von dem Negativen wegsieht … sondern er ist diese Macht nur, indem er dem Negativen ins Angesicht schaut, bei ihm verweilt."

Nur deswegen kann ich so herzhaft lachen, wie ich lache, weine ich so heftig, wie ich weine, bin ich ungezwungen fröhlich, stundenlang nachdenklich, mädchenhaft begeistert oder grenzenlos melancholisch. Die Tiefe und Intensität des Wahrnehmens, Empfindens und Erlebens ist mir erst möglich geworden durch das Leid, das ich an und in mir erfahren habe. Weil ich weiß, was Zerrissenheit und Negation bedeuten, ist mein Leben voller und lebendiger geworden. Meine Ärzte, die inzwischen meine Freunde geworden sind, sagen: „Dass du lebst, ist ein echtes Wunder!" Ich bin Gott jeden Tag dankbar dafür.

Susanne Breit-Keßler, Regionalbischöfin, Jahrgang 1954, München, www.kirchenkreis-muenchen.de

Wohin du auch gehst …

Als ich fünf Jahre alt war, adoptierten meine Eltern ein Mädchen in meinem Alter. Wir beide wurden schnell sehr gute Freunde. Vier Jahre später. Linda und ich waren gerade bei unseren Freunden zu Besuch. Während sie ihre „Teatime“ hatten, nutzten wir die Zeit, um zu spielen. Vor dem Haus wurde gerade der Abwasserkanal neu verlegt. Die dicken Abflussrohre, die hochkant vor dem Haus standen, waren für mich sehr verlockend. Zuerst wollte Linda – meine Stiefschwester – nicht mitspielen, aber irgendwann konnte ich sie dazu überreden, obwohl es unsere Mutter verboten hatte. Wir setzten uns in die Rohre und hatten dabei großen Spaß, der aber nicht lange anhielt. Lindas Rohr fiel um und traf Linda am Hinterkopf. Noch heute kann ich mich an diesen dumpfen Aufschlag und an die riesige Blutlache erinnern.

Linda wurde mit mehrfachem Schädelbasisbruch in die Klinik gefahren. Die darauffolgende Nacht war grauenhaft. Wir hofften und bangten, ob sie es wohl überleben würde. Dann die Schreckensnachricht: Sie hat es nicht geschafft. Meine Schwester war tot. Ob mir meine Eltern je Vorwürfe gemacht haben? Ich weiß es nicht mehr. Aber ich selbst machte mir große Vorwürfe. Mir war klar: Ich war an allem schuld. Ich hasste mich. Mit meinen Eltern und meinem Bruder konnte ich über dieses Thema nie reden. Jeder hatte sich seine Schutzmauer aufgebaut. Bis heute. Als ich zehn Jahre alt war, entdeckte ich in der Bar meines Vaters eine Flasche achtzigprozentigen Rum. Ich nahm einen Schluck und merkte, dass mich der Alkohol nicht nur vergesslich, sondern auch lustig machte. Selbst die Kopf- und Magenschmerzen, die ich öfters hatte, verschwanden. Ich hatte ein richtiges Wundermittel entdeckt. Im Laufe der Jahre nahm ich immer öfter von diesem „Wundermittel". Meine Selbstvorwürfe wurden so stark, das ich Depressionen bekam. Ich wurde aggressiv, zertrümmerte Flaschen und Gläser. Mit den Scherben zerschnitt ich mir Arme und Beine. Aber meine Eltern haben davon nie etwas mitbekommen. Das Trauma aus meinen Kindheitstagen begleitete mich ständig. Was ich auch tat – ich brachte es nur zu durchschnittlichen Erfolgen. Ich war mit meinem Leben nicht mehr zufrieden.

In meiner Zeit bei der Bundeswehr war ich oft in psychologischer Behandlung. Ich war nervlich am Ende und kam in dieser Welt nicht mehr klar. Da mir aber scheinbar auch von professioneller Seite niemand helfen konnte, entschied ich mich, dem Alkohol freie Bahn zu geben. Ich gehörte zwar nie zu denen, die viel gesoffen haben, aber zu denjenigen, die ständig besoffen waren. Irgendwann lernte ich etwas Neues kennen: Haschisch. Das wurde jedoch mit der Zeit sehr teuer. Zu teuer. Ich versuchte per Spielautomaten an Geld zu kommen. Das war mein Todesurteil. Mein Geld war futsch. Ich musste wegen meiner Schulden das Auto verkaufen. Die meiste Zeit verbrachte ich mit Pennern, die im Park saßen, Schnaps soffen und aus weggeschmissenen Zigaretten neue bastelten. Ich verlor eine Stelle nach der anderen, langsam war ich in meinem Umkreis bekannt. Dann flog ich auch aus meiner Wohnung. Um zu signalisieren, dass ich Hilfe brauchte, schnitt ich mir die Pulsader auf. Aber anscheinend wollte niemand sehen, wie schlecht es mir ging. Irgendwann erinnerte ich mich wieder an Jesus und dass ich wegen ihm ständig in die Kirche gehen musste. Ich nahm die Bibel in die Hand um herauszufinden, warum Gott das alles zulässt, und bemerkte, dass die Bibelstellen tatsächlich in mein Leben passten. Mir wurde plötzlich klar, dass die Bibel durch den lebt, der sie liest.

Irgendwann zog ich wieder in die Ortschaft, in der ich aufgewachsen war. Ich kaufte mir meinen ersten Computer. Dank Internet bewegte ich mich häufig in Chaträumen. Bald entdeckte ich auch einen Chatraum, der sich „Raum Gottes" nannte – dort versuchte ich, ein wenig die Christen zu ärgern. Wir diskutierten, was das Zeug hielt. Da ich, um Gegenargumente zu finden, ständig in der Bibel suchen musste, erfuhr ich, ohne dass ich es wollte, immer mehr über Gott. Statt ihn zu hassen, lernte ich ihn zu lieben. Irgendwann entschied ich mich im Chat, mein Leben Jesus anzuvertrauen. Später führte ich dann ein Gespräch, wie ich es noch nie vorher erlebt hatte. Ich stellte mir vor, dass Gott in meinem Zimmer steht, und bot ihm einen Platz an. Ich redete mit ihm, schrie ihn an. Ich klagte und weinte. Dann bat ich ihn, mir meine Sünden zu vergeben, mein Leben in die Hand zu nehmen und mich aus dieser Sucht herauszuholen. Als ich aufgehört hatte zu beten, wurde es ruhig in mir. Es war eine Ruhe, die ich so noch nie kennengelernt hatte.

In diesem Chat lernte ich auch eine Frau kennen, der ich mein Leid klagte. Zusammen überlegten wir, was ich gegen meine Sucht tun könnte. Wir entschieden uns, dass ich einen Typen anrufe, der vor Kurzem ein Wohnheim gekauft hatte, um dort Alkoholiker aufzunehmen, die alles verloren oder versoffen hatten.

Bernd, so hieß dieser Mann, kam also zu mir, um mit mir zu reden. Am nächsten Tag war ich im Entzug und eine Woche später für sieben Monate in einer Therapie. Es ging alles rasend schnell. Normalerweise muss man sechs Monate bis ein Jahr auf einen Therapieplatz warten. Bei mir klappte es von heute auf morgen. War das Gott?

Kerstin, die Frau aus dem Internet, wuchs mir ans Herz. Sie kam mich jede Woche besuchen, obwohl sie jedes Mal 800 Kilometer fahren musste. Sie begleitete mich durch die ganze

Therapie, lachte und weinte mit mir und baute mich auf, wenn ich nicht mehr weitermachen wollte.

Das Haus, in dem ich die Therapie machte, wurde vom „Blauen Kreuz" – einem christlichen Träger – geleitet. Dort wurden Bibelstunden und Gesprächskreise angeboten. Die sieben Monate waren schwer für mich. Aber ich merkte, dass Jesus an meiner Seite war und zusammen mit Kerstin mit mir durch die Therapie ging. Für uns war klar, dass ich nach dieser Zeit aus meiner alten Umgebung raus musste. Weg von den Orten, die mein bisheriges Leben bestimmt haben. Weg von den wenigen Freunden, die kifften, soffen, zockten und mich immer weiter in den Ruin trieben. Ich zog zu Kerstin. In eine neue Umgebung. In ein neues Leben. Zu neuen Freunden. Zu einer neuen Chance.

Heute sind Kerstin und ich seit mehreren Jahren verheiratet. Kerstin hat mich nie als nassen Alkoholiker kennengelernt (außer in der ersten Zeit am Telefon und im Chat). Sie kennt mich als neugeborenen und geheilten Menschen. Gott schenkte mir neue Freunde. Freunde, die auch Christen sind. Freunde, die Verständnis für mich haben. Leute, die mich aufbauen, wenn ich schwach bin. Menschen, die mich immer wieder dran erinnern, dass ich frei bin. Das heißt nicht, dass ich wieder Alkohol zu mir nehmen kann oder kontrolliert trinken könnte. Aber es heißt, dass ich nicht mehr allein kämpfen muss. Die größte Macht des Universums kämpft an meiner Seite und verspricht mir: „Sei tapfer und entschlossen, lass dich nicht erschrecken und verliere nie den Mut. Denn ich, dein Herr, bin bei dir, wohin du auch gehst (nach Josua 1,9).

Jörg Offermann, zurzeit in Elternzeit, Jahrgang 1965, Postbauer-Heng

Viktoria zum Gedächtnis

Eine Beerdigung kommt in meiner derzeitigen Arbeit in der Ukraine eher selten vor. Gemeindebesuche, Gottesdienste, Seelsorge, Verwaltungsaufgaben, Sitzungen, Tagungen, Leiten, Zuhören, Raten, Beten, Mitleiden – das sind meine „normalen" Aufgaben. An einem grauen, verregneten Dezembertag des vergangenen Jahres begleitete ich ein verstorbenes Gemeindeglied zu ihrer letzten Ruhestätte. Viktoria gehörte zu unserer Gemeinde in Odessa. Beim Trauergottesdienst auf dem Friedhof sehe ich bei geöffnetem Sarg auf ihr schönes Gesicht. Ich spreche die Worte der Liturgie: „Wir wollen Abschied nehmen von Viktoria." Plötzlich wird mir bewusst: Viktoria heißt „Sieg". Ich frage mich: Wo ist denn hier der Sieg? Krebs hat ein junges Leben zerstört. Ich spreche weiter: „Wer sie lieb gehabt und geachtet hat …" Neben dem Sarg steht ihre Mutter. Sie umarmt und küsst ihre tote Tochter. Links und rechts von ihr stehen eine Handvoll Gemeindeglieder. Mit einigen von ihnen hatte Viktoria vor ein paar Jahren einen Bibelkreis begonnen. Er hat sich in den letzten Wochen rührend um sie gekümmert. Auch mein ukrainischer Kollege, der mich übersetzt. *Wo ist hier der Sieg?*

„Wen sie lieb gehabt hat …" Sie hatte nie aufgehört zu lieben. Sie war mit einem Priester verheiratet. Er war untreu und sie trennte sich von ihm. Sie wurde Mutter von Zwillingen. Die Säuglinge starben, weil es im Krankenhaus des Dorfes, in dem sie wohnten, nicht die notwendigen medizinischen Mittel gab. Viktoria war ihr Leben lang eine Gott-Sucherin. Sie wuchs im orthodoxen Glauben auf, gehörte eine Zeit lang zur Heilsarmee und freundete sich dann mit unserer Kirche an, die ihr zur Heimat wurde. Sie war begabt, belesen, gebildet. Sie wollte eine Missionarin sein. Noch bei ihrem letzten Krankenhausaufenthalt bezeugte sie den Ärzten ihren Glauben. Das erzählte sie mir, als ich sie zum Abendmahl und zur Krankensalbung besuchte. Sie wäre gern Prädikantin* in unserer Gemeinde geworden. *Wo ist hier der Sieg?*

„Wer ihr etwas schuldig geblieben ist an solcher Liebe …" Sie selber sagte vor Kurzem: „Ich kann mich an gute Zeiten nicht erinnern. Es gab keine guten Zeiten für mich." Sie kannte ihren Vater nicht. Sie wurde oft enttäuscht. Ich denke zu Gott hin: „Gott, bist du ihr nicht ein befriedigendes Leben schuldig geblieben?" Im selben Augenblick weiß ich: Sie würde ein solches Gebet ablehnen. Sie würde sagen: „Mein Glaube ist mein Sieg."

Der Sarg wird verschlossen und zum Grab getragen. Ich singe wieder Worte der Liturgie. Freilich müssen sie übersetzt werden. Dieser alte Abschiedsvers macht mich siegesgewiss:

„Zum Paradies mögen Engel dich geleiten, die heil'gen Märtyrer dich begrüßen und dich führen in die heil'ge Stadt Jerusalem. Der Chor der Engel möge dich empfangen, und durch Christus, der für uns gestorben, soll ewiges Leben dich erfreuen."

Als ich zu den Worten „Erde zur Erde …" dreimal mit den Händen (eine Schaufel sehe ich nicht) Erde ins Grab werfe, bin ich erstaunt, dass plötzlich alle mithelfen. So sind sie es gewohnt. Sie bücken sich oder knien sich nieder und werfen Erdbrocken ins Grab – bis das Grab ganz aufgefüllt ist. Abschiednehmen ist schmerzlich schwer. Aber dann wird sofort das Zeichen des christlichen Sieges, das Kreuz, in die Erde gepflanzt. „Pass auf, es steht schief", ruft ein Gemeindeglied dem Friedhofswärter zu.

Als ich auf dem Rückweg den Friedhof durchquere, sehe ich, dass vor vielen Gräbern Bänke und Tische stehen. Angehörige besuchen ihre Verstorbenen. Sie scheuen sich nicht, vor den Gräbern, gleichsam „mit“ den Menschen, die ihnen immer noch nahestehen, zu essen und zu trinken. Sie glauben an die Gemeinschaft der Lebenden und der Toten, der streitenden und der erlösten, feiernden Kirche.

Georg Güntsch, Pfarrer, Dekan i.R. Bischof der DELKU i.R., Jahrgang 1941, Puschendorf

Auf Knien

Stiller Tag. Ich knie in „meiner" kleinen Kapelle in Gnadenthal und werde buchstäblich zu Boden gedrückt durch all das, was in den letzten Monaten gelaufen ist. Ich bin Gott und Menschen vieles schuldig geblieben. Ich sehe Situationen, in denen ich mich unmöglich benommen habe. Ich höre Sätze, die ich besser niemals gesagt hätte. Ein ganzes Gebirge von Schulden liegt auf meiner Seele. Knien ist für mich in dieser Situation mehr als eine fromme Geste. Es ist Ausdruck dessen, wie ich mich selbst einschätze. Wenn ich mich Gott überhaupt nähern darf, dann höchstens in dieser Haltung. Mir ist zum Heulen elend. Und ich heule. Es würde mich nicht wundern, wenn Gott einfach Schluss mit mir machte: „Jetzt reicht's, Freund! Ich habe dir oft genug vergeben!" Doch plötzlich singt in mir ein Lied. Ein Adventslied von Jochen Klepper: „Wer schuldig ist auf Erden, verhüll nicht mehr sein Haupt. Er soll gerettet werden, wenn er dem Kinde glaubt!" Und aus Verzweiflungstränen werden Freudentränen. Das ist *mein* Lied, Gottes persönliche Seelsorge für mich. Er nimmt mich in den Arm, wie der Vater den verlorenen Sohn. Er hat mir Jesus gezeigt, das Kind in der Krippe. Und damit seine ganze Liebe. Er hat mir vergeben. Und das Leben beginnt noch einmal von vorn …

Jürgen Werth, Direktor des Evangeliumsrundfunks, Jahrgang 1951, Wetzlar, www.juergen-werth.de

Paul Gerhardt begegnet

Mein Herze geht in Sprüngen und kann nicht traurig sein,
ist voller Freud und Singen, sieht lauter Sonnenschein.
Die Sonne, die mir lachet, ist mein Herr Jesus Christ,
das, was mich singen machet, ist, was im Himmel ist.

Den Geschäften des Alltags gehe ich manchmal lustlos nach – da ist oft die immer gleiche Routine. Ein besserer Tag wird dann Wirklichkeit, wenn ich dieser Routine entgegensteure, und nicht zulasse, dass sich Herz, Sinn und Mut grau färben. Wenn ich die mir bekannten Melodien vor mich hin summe und langsam die vertrauten Worte finde. Wenn ich schließlich den *lauter Sonnenschein* spüre, wenn *mein Herze* nicht mehr so schwerfällig vor sich hin arbeitet und nicht mehr *traurig sein* muss.

Meine christliche Sozialisation begann vor über sechzig Jahren *nach so viel Angst und Plagen, nach Zittern und nach Zagen, nach Krieg und großem Schrecken, die alle Welt bedecken* – wie es in einem von Paul Gerhardts Liedern heißt. Mein Vater hatte seine Familie, als er aus der Gefangenschaft gekommen war, kurz vor Weihnachten 1945 in einem Zimmer in einer kleinen Stadt in der Altmark aufgespürt. Mit ihm wurde es enger in dem Raum, aber noch enger wurde es, als *zur Zeit der Hungersnot* das neue Kind ankam, das in einem Wäschekorb seinen Platz fand. Der Korb musste auf dem Tisch stehen. Die einzige freie Fläche war fortan das mit Soldatendecken bedeckte Bett. Wenn *die Nacht, des Tages Feind*, anbrach und wir unser schützendes Zuhause aufsuchten, um der *Engel Schar* herbeizubitten, hockten wir – bei

Stromsperre – im Schneidersitz auf dem Bett, und der Vater sang uns im Dunkeln Lieder von Paul Gerhardt vor: *Du meine Seele, singe, wohlauf und singe schön!* Ich konnte damals noch nicht lesen und schreiben. So fanden auch Worte, die für mich noch unverständlich waren, den Weg direkt in mein Herz. *Von Sorgen und von Grämen und von selbsteigner Pein …* – das musste, so viel ahnte ich, etwas ganz Schlimmes sein. Aber *der Vater weiß und sieht, was gut ist und was schadet dem sterblichen Geblüt.* Ich habe noch heute die Liedstrophen genau im Ohr, deren Inhalt für mich mit meinem eigenen Erleben verschmolz: Draußen *ruhen nun die Wälder* und anscheinend *schläft die ganze Welt.* Doch Gott *stellt uns die güldnen Waffen ums Bett und seiner Engel Schar.* Wie viel Geborgenheit doch in dieser Poesie zum Ausdruck kommt. *Wenn ich schlafe, wacht sein Sorgen …*!

Da gerade Adventszeit war, wollten wir Jesus empfangen: *O Jesu, Jesu, setze mir selbst die Fackel bei …* feurig und heiß bei einem kleinen Spalt Licht, das aus der Ofentüre kam. *Palmen* (was das wohl waren?), die *Zion streut,* führten mich aus der engen Kammer in die Weite fantastischer Welten. Und dann stand Weihnachten vor der Tür – *ei, so kommt und lasst uns laufen.* Das „*Ich lag in tiefster Todesnacht, du warest meine Sonne*" konnten damals wohl nur die Erwachsenen nach allem Schrecken und allen erlittenen Ängsten aus tiefster Seele singen. Aber ich nahm diese Verse inwendig mit hinein in die Jahre der Pubertät und in spätere Lebenssituationen und trug sie auf einsamen Wegstrecken in meinem Herzen.

In der Jugendgruppe organisierten wir später einen Wettbewerb. Wer wohl die meisten Strophen von „*Geh aus, mein Herz, und suche Freud*" auswendig lernen würde? Ich hatte keine schlechten Karten, denn ich konnte auf das aufbauen, was ich als Kind immer wieder gehört hatte: die Strophe, die die Leichtigkeit der *Lerche* besingt, die sich *in die Luft schwingt,* das *Täublein in seiner Kluft,* die *Glucke* und die *unverdrossne Bienenschar* … Ja, und natürlich auch auf die märchenhafte *Seide Salomonis,* die doch übertroffen wird durch den von Gott erschaffenen *Narzissus und die Tulipan.* Neu lernen musste ich damals die Strophen 9 bis 15. Diese Strophen hatte ich später lange Zeit vergessen. Denn ich fühlte mich wohl *auf dieser armen Erden,* hatte *hohe Lust* in meinem „Garten" und wenig Sehnsucht nach *Christi Garten.* Heute frage ich mich freilich zuweilen – und werfe dann auch alle Zweifel über Bord: Wie wird es sein, wenn ich *welke Blum'* als *seines Gartens schöne Blum'* ihm ewig *grünen* darf?

Meine Familie war neulich eigenartig berührt, als ich sagte, dass ich nicht im Frühling sterben wolle; den wolle ich nicht verpassen. Ich werde nicht selbst bestimmen können, wann meine Zeit gekommen ist. Aber wenn ich wirklich *vor Gottes Thron* stehen dürfte und *Palmen trüge,* wenn ich *mit unverdrossnem Mund und Stimm* in das *Halleluja* der Engel einstimmen könnte und ihm *ewig grünen und dienen* dürfte, wenn ich tatsächlich von ihm *zum Paradeis erwählt* werden sollte – ach, diese herrlichen Bilder von Paul Gerhardt! –, dann kann ich getrost auf den irdischen Frühling hier verzichten!

Heide Roepke, Kunsttherapeutin, Jahrgang 1939, Gräfelfing

Weihnachten einmal etwas anders

Er hat sich bei mir zur Supervision angemeldet. Von einem Weihnachtsfest der besonderen Art hat er am Telefon geredet. Ein ganz persönliches Gespräch darüber will er mit mir führen. All seine Gedanken möchte er bei mir auf die Reihe bringen. Und nun sitzt er mir gegenüber. Lange schaut er mich an. Ich merke, dass seine Gedanken ihn aufwühlen, ihn nicht loslassen. Noch ringt er um die richtigen Worte.

„Ich … ich wollte … also, ich möchte da heute was mit dir reflektieren. Ich … ich muss nur noch … Also gut, die Sache war so …" Und dann bricht es aus ihm heraus und er hört für eine lange Zeit nicht mehr auf zu erzählen. Er ist Erzieher in einem Haus für Jugendliche, die alle schon ein gerüttelt Maß an Strafen hinter sich gebracht haben. Die nächste Station ist der Jugendknast oder die Psychiatrie. „Das Ganze ging damit los, dass am Tag unserer Weihnachtsfeier eine ganz miese Stimmung in der Gruppe herrschte. Irgendwie war von Anfang an der Teufel drin. Erst wollte keiner aufstehen und dann beim Frühstück haben sich alle nur angemotzt. Weißt du, es war der letzte Tag vor Weihnachten, an dem die Gruppe zusammen war. Sie gingen noch einmal zur Arbeit. Am Abend dann feierten wir zusammen Weihnachten. Dann ging's ins Bett und am nächsten Tag fuhren alle heim. Fast alle … ein paar bleiben immer da. Das sind dann halt die, die niemand zu Hause haben will, oder die gar keine Eltern oder Verwandten mehr haben. – Ich hatte ja gedacht, dass die Arbeit sie etwas locker machen würde und dass sie dann am Abend besser drauf sind. Aber da war nichts zu machen. Die

Stimmung war eher noch schlechter als am Morgen. Na ja, und als es dann zur Feier ging, war mir, als säße ich auf einem Pulverfass. Bereits beim Abendessen musste ich ein paarmal dazwischengehen, sonst hätten sich die Ersten schon gekloppt. Und dann bei der Feier: Wir hatten alles recht nett hergerichtet. Die Geschenke waren von meiner Kollegin wirklich schön gestaltet worden ... es hätte alles so gut gepasst. Aber nix da ... Zwei, drei Worte, und schon befanden sich unsere Jungs mitten in einer Schlägerei. Stühle flogen, Geschirr ging zu Bruch, und im Nu war jeder auf den anderen böse. Ich ... wir mussten sogar Hilfe aus den Nachbargruppen holen. Du musst wissen, das sind Kerle, die alle Sport machen. Wenn die hinlangen, dann musst du wirklich achtgeben. Nach ungefähr einer knappen Viertelstunde war dann wenigstens so weit Ruhe hergestellt, dass sie zumindest aufgehört hatten, sich zu verprügeln. Aber es sah zum Heulen aus. Einige bluteten, zwei sogar heftig. Und der Raum sah aus, als hätte eine Bombe eingeschlagen. Die Weihnachtsfeier war gelaufen. Keiner wollte noch irgendetwas in dieser Richtung sagen oder hören. Wir machten doppelte Nachtwache. An Schlafen war nicht zu denken. Am nächsten Tag waren die Verabschiedungen nur kurz. Die, die im Haus blieben, ließen sich erst gar nicht sehen. Vor allem jener, der alles angezettelt hatte. Und ausgerechnet von ihm war ich der Vertrauenserzieher – du weißt schon, der, der ein besonderes Erziehungsverhältnis zu ihm aufbauen soll. Glaub mir, mir graute vor den nächsten Tagen mit ihm. Denn mit ihm, drei weiteren Jungen und noch zwei Erziehern sollte ich die nächsten Tage und die Zeit über Silvester im Gebirge verbringen. Ich hatte die Schnauze übervoll und hätte ihm am liebsten einen Tritt in den Arsch gegeben. Na ja, aber so ist das halt in der Erziehungsarbeit. Du kannst dir deine Leute nicht aussuchen. Die Fahrt ins Gebirge und die nächsten Tage verliefen zu meiner Überraschung recht ruhig. Er rauchte seine Zigaretten, aß wenig und war ansonsten für nichts zugänglich. War mir auch recht. Ich wollte ja auch nichts mit ihm zu tun haben. Und dann kam Silvester. Nach dem Frühstück fragte ich, ob er mit rausgehen wolle, zu einer Wanderung auf den Hausberg. Zu meiner Verwunderung sagte er „Ja“ und wir gingen los. Es war einer jener herrlichen Wintertage, an denen die Luft glasklar und die Aussicht schier unendlich ist. Nach knapp zwei Stunden durch mäßig hohen Schnee waren wir auf dem leicht zu erreichenden Gipfel. Ich muss dir sagen, die Aussicht nahm uns schier den Atem. Fasziniert und gebannt standen wir da. Alles schien zum Greifen nahe. Die Bergketten der Dreitausender, die Täler mit ihren Städten und Dörfern. Die Straßen, die Bahnlinien. Wir breiteten unsere Windjacken auf dem Boden aus, ließen uns nieder, hielten die verschwitzten Rücken der Sonne entgegen und staunten ganz einfach über die Schönheit, die uns umgab … Erst nach vielleicht einer Viertelstunde fiel mir auf, dass wir noch nicht ein einziges Wort geredet hatten – seit dem Frühstück im Haus. Mein erster Satz war dann die Frage, ob er was trinken und essen wolle. ‚Hm, ja‘, meinte er, ‚eigentlich schon …‘ Jeder von uns aß dann still und ergriffen sein Brot. Langsam leerte sich die Thermosflasche … Dann rauchte er seine Zigarette und auf einmal meinte er: ‚Wenn das meine Mama – meine Mutter sehen könnte …‘ Ich war erstaunt: ‚Wieso, geht sie nicht gerne auf die Berge?‘ Er: ‚Doch schon. Aber zurzeit nicht – verdammt noch mal …‘ Ich schaute ganz verdutzt: ‚Das versteh ich nicht, was ist denn mit ihr?‘ Und dann brach es aus ihm heraus. Es war, als wenn ein lange aufgestauter Fluss plötzlich befreit wird. Und er erzählte: ‚Weißt du, im Sommer, da waren wir beide im Urlaub. Es war alles so klasse. Der, mit dem sie bis dahin zusammen war, mit dem hat sie kurz vorher Schluss gemacht – endlich. Und dann ist sie mit mir in Urlaub gefahren.

Also, so gut wie in dieser Zeit hatte ich mich seit Langem nicht mehr mit ihr verstanden. Und am Ende der Ferien hat sie mir in die Hand hinein versprochen, dass wir im Winter Schifahren gehen, in den Bergen, und dass ich dann wieder bei ihr sein darf. Und dass dann alles wieder so sein wird wie im Sommer. Aber wie das so ist: Im Herbst hat sie den neuen Lover kennengelernt. Schon am ersten Wochenende, wo ich zu Hause war, hat der mit mir Stunk gebaut. Der ist so ein Arsch, sag ich dir, also, wie sie auf so einen kommt, ich kann's nicht glauben – so uncool. Na ja, und dann am zweiten Advent ist der Brief von ihr gekommen, dass ich doch an Weihnachten nicht kommen solle, der Neue könne mit mir nichts anfangen, und sie müsse doch auch mal auf sich schauen und ich würde doch hier vom Haus aus auch in die Berge fahren können … Und es sei doch auch viel besser, wenn ich Weihnachten hier feiern würde. Alles wäre doch viel friedlicher und besser geregelt und so. Kannst du dir vorstellen, wie sehr mir diese Weihnachtsfeier heuer am Arsch vorbeigegangen ist? Das Schönste war für mich die Schlägerei. Von Anfang an hab ich gewusst, dass es an dem Abend knallt. Ich konnte einfach nichts hören vom Frieden auf Erden und all dem Gesülze …'

Betroffen schwieg ich. Das hatte ich natürlich nicht gewusst. Vielleicht war es die Schönheit der Berge, das gemeinsame Wandern oder alles zusammen. Auf jeden Fall kamen wir ins Gespräch. Das erste Mal überhaupt. Er begann darüber zu reden, dass er Angst habe, selbst einmal so zu werden wie einer jener Männer seiner Mutter. Männer, die nur kurz da waren, um spätestens nach einem halben Jahr wieder abgeschoben zu werden oder selbst abzuhauen. Dass er nicht wie sein Vater werden wolle, der einer Frau ein Kind mache und sich dann verdrücke … Ich weiß nicht, ob es richtig war, aber ich sprach dann von meiner Trauer, dass meine Frau und ich uns so sehr ein Kind wünschen, aber selbst keines bekommen könnten. Betroffen schauten wir uns das erste Mal überhaupt in die Augen. Er, der Angst hat, ein Vater zu werden, und ich, der kein Vater werden kann, obwohl ich das gern wäre …

Würde er meine Offenheit beim nächsten Streit missbrauchen und mich ‚impotente Sau' nennen? Womöglich vor der ganzen Gruppe? Und ich spürte seine Angst davor, dass ich ihn womöglich einen Schwächling nennen würde, weil er von seiner Angst geredet hatte, ein Mann, ein Vater zu werden – und von der Enttäuschung, die seine Mutter ihm bereitet hatte … Schweigend saßen wir da, wohl wissend, dass wir einander viel zugemutet hatten … Er zündete sich eine neue Zigarette an und er erzählte weiter. ‚Weihnachten', begann er zögernd, ‚das hat doch was mit Glauben und mit Gott zu tun. Mit diesem Vater da oben …? Kannst du dir vorstellen, dass ich mit dem nichts, aber auch gar nichts zu tun haben möchte? Väter, das sind doch Verräter – oder?'

Ich habe lange nach den richtigen Worten gerungen. Er sog regelrecht meine Worte in sich auf – meine guten Erfahrungen mit meinem Vater und mit Gott. Er wollte keine theologische Auslegung hören, er wollte etwas von mir, von mir ganz persönlich, hören, von meinen Sorgen, Ängsten und Hoffnungen, von Mann zu Mann – von einem Mann, den man anfassen kann …

Langsam neigte sich die Sonne der Hügelkette im Westen zu und ein kalter Wind begann zu wehen. Schweigend brachen wir auf und schweigend gingen wir bis zum Haus.

Vor der Haustür, bevor wir hineingingen, drehte er sich noch mal um und meinte: „Danke, war echt geil heute …"

Michael Herrmann, Diakon im Ruhestand – Ehemaliger Senior der Rummelsberger Brüderschaft, Jahrgang 1947, Nürnberg, www.diakon.de

Karfreitag

Diese Worte seines Vaters begleiteten ihn die gesamte Konfirmandenzeit hindurch. Jedes Mal, wenn er das Gemeindehaus für den Konfiunterricht betrat, wenn er Mitarbeiter der Kirchengemeinde sah und natürlich wenn er in den Gottesdienst ging – und 22 mussten sie während der Konfirmandenzeit besuchen. Sein Ziel war es gewesen, diese 22 Godies möglichst schnell hinter sich zu bringen, um dann die Konfizeit zu genießen. Doch da waren noch diese Pflichtgottesdienste. Weihnachten, Pfingsten, Ostern und – der schlimmste von allen – Karfreitag. Gut, der Pfarrer versuchte, in seinen Predigten nicht so geschwollen zu reden, sodass auch Konfis, die wirklich zuhören wollten, etwas verstehen konnten. Und da und dort hatte der Godie auch etwas in ihm angestoßen. Aber zu „seiner“ Veranstaltung war er in der Konfizeit trotzdem nicht geworden. Karfreitag war jedoch das Schlimmste: Das ständige Gerede über Leid und Tod, leerer Altar, kein Licht in der Kirche, der Gesang des Kirchenchors mit Liedern, in denen kein Leben war, depressiv, melancholisch, betroffene Gesichter und der da am Kreuz. Der Schwache. Der Wehrlose. Freiwillig hatte er sich ans Kreuz nageln lassen. Wirklich 'ne Jammergestalt, ein schwacher Typ. Die Worte seines Vaters waren gerade in diesem Gottesdienst allgegenwärtig. Und er hatte ja recht. Seine Gedanken und Blicke schweiften während der Karfreitagspredigt durch den Kirchenraum und blieben immer wieder an dem Mann am Kreuz hängen.

„Für uns ist das geschehen“, hatte der Pfarrer gerade gesagt. *Für uns? Für mich?* Er verstand das alles nicht. Wie konnte ein

Geschehen, das so lange zurücklag, für ihn, einen Jungen aus dem Jahr 2006, wichtig sein? Unmöglich. Karfreitag – er wusste, dass sich das Wort „Kar“ eigentlich aus dem mittelhochdeutschen Wort „Kara“ ableitet und „Trauer“ bedeutet, der Karfreitag übersetzt also „Trauerfreitag“ heißt; das hatte er im Konfiunterricht gelernt. Aber er konnte mit dem Thema dieses Tages, mit all dem Gerede von Leid, den Trauermienen nichts anfangen. Das hatte doch rein gar nichts mit dem wahren Leben zu tun. Im Gegensatz zu seinen Mitkonfirmanden, die anfingen zu quatschen oder unter der Kirchenbank mit ihren Handys spielten und glaubten, der Pfarrer würde es nicht bemerken, beobachtete er die Leute, die zum Abendmahl gingen. Auch der Vater eines Mitkonfirmanden hatte sich am Abendmahlstisch eingefunden, ließ sich Saft und Oblate vom Pfarrer reichen. *Dass der da mitmacht bei diesem komischen Ritual.* Er wunderte sich. Er wusste, dass er Vorsitzender des Sportvereins war, auch im Beruf erfolgreich. Und dass er öfter in den Godie kam. War der auch ein Verlierer? Ein Schwacher? Eigentlich doch nicht, oder? Vielleicht war das Urteil seines Vaters ja zu pauschal. Gern wäre er auch mal mit ihm zum Abendmahl gegangen. Aber der ging nie mit ihm in den Godie. Gut, bei der Einführung war er da. Auch zu Vorstellung und Konfirmation würde er kommen. Aber sonst glänzte er durch Abwesenheit. Immerhin: Konsequent war das. Und imponierte ihm. Auch, dass er ihm freigestellt hatte, sich konfirmieren zu lassen. Dass er andere Meinungen respektierte. Dass er sogar den Pfarrer gut fand. Aber für ihn war das nichts, das mit dem Glauben. Er hatte ihm oft genug von seinen Lebensschwerpunkten erzählt: dass man im Leben hart sein müsse, dass man nichts geschenkt bekäme, dass man sehen müsse, wo man bliebe, dass man sich mit den wirklich wichtigen Dingen auskennen müsse – mit Geld, Stärke und Macht. Ja, sein Vater hatte recht: Glaube hatte in diesem Koordinatensystem des Lebens wenig Anknüpfungspunkte. Sein Vater war stark. Er hatte es geschafft, wie man so schön sagte. „Glaube ist was für schwache Leute. Schau ihn dir doch an, diesen Jesus, wie er an dem Kreuz hängt: 'ne Jammergestalt!“

Und doch – irgendwie strahlte diese „Jammergestalt“ etwas Besonderes aus. Er wusste nicht genau, was das war, was auf ihn wirkte. Aber wenn er ehrlich war, gefiel ihm sein Konfijahr ganz gut. Er hätte gern mit seinem Vater das eine oder andere Mal darüber gesprochen – aber das war tabu. Das gehörte nicht zu den „starken“ Themen. Eigentlich war sie nach der Konfirmation auch für ihn gelaufen, die Sache mit dem Glauben. Jetzt wollte er sich den wirklich wichtigen hingeben. Themen, in denen es ums wahre Leben ging, wo kein Platz war für Tod, für Leid, für Leute, die sich „für uns“ ans Kreuz hatten schlagen lassen. Er wollte stark werden, so wie sein Vater, so wie sein Freund, der zwei Jahre älter war als er – 16 –, und wie dessen Familie.

Doch mit 17 wurden ausgerechnet er und Meikel von jenen Themen eingeholt, mit denen sie eigentlich nichts zu tun haben wollten. Es begann mit unerklärlichen Schwächephasen seines Freundes, eigentlich eines Super-Sportlers, mit nächtlichen Schweißausbrüchen und Tagen bleierner Müdigkeit. Die Untersuchung beim Internisten brachte es an den Tag: Sein Freund litt an einer besonders aggressiven Form von Leukämie, Blutkrebs. Drei Monate gaben ihm die Ärzte noch. Nur noch drei Monate Leben. In diesen drei Monaten gab es kein Gespräch, weder mit Meikels Eltern noch mit seinen, über das, was da abging mit seinem besten Freund. Er besuchte ihn fast täglich im Krankenhaus. Aber für seine Eltern war das kein Thema. Kein Wort fiel.

Und dann kam der Anruf: „Meikel stirbt, bitte kommt ins Krankenhaus. Wir können das nicht alleine durchstehen.“ Meikels Mutter war am Apparat.

Er beobachtete seine Eltern. So bleich hatte er seinen Vater noch nie gesehen. Seine Mutter weinte: „Ich hab Angst. Ich möchte nicht dahin!" Als sein Vater nach dem Autoschlüssel griff, sah er, dass er zitterte, nicht nur an den Händen, am ganzen Leib. Er, der Starke – das machte ihm Angst.

Kurze Zeit später betraten sie das Zimmer, in dem Meikel sterben sollte: Er sah dessen Eltern, die Mutter, starr, tränenleer, Meikels Vater, mit dem Rücken zu Meikel, die Wand anstarrend ... und er sah seinen Vater, der immer noch zitterte, nichts zu sagen wusste. Er sah seine Mutter, die nur schluchzte. Und er sah seinen Freund Meikel, der noch hagerer, dessen Haut noch grauer geworden war. Und er spürte: Es würde nicht mehr lange dauern. Die Sprachlosigkeit der Erwachsenen, vor allem seines Idols, des Vaters, ließ ihn schier verzweifeln. Jammergestalten. Ja, SIE in diesem Sterbezimmer waren zu Jammergestalten geworden. Jammergestalten, die in einer der wichtigsten Situationen des Lebens nichts zu sagen wussten. Doch auch er konnte nichts sagen, nichts, nur streicheln, über Meikels Stirn, seine Hand halten, gemeinsam mit Meikels Mutter. Kein Wort. Diese Sprachlosigkeit verursachte ihm geradezu körperliche Schmerzen – und plötzlich war er da, jener Psalm aus der Konfirmandenzeit, und ihm war, als würde ein anderer aus ihm heraus reden, nicht er, ein anderer, der jene Sätze aus dem 139. Psalm zitierte:

„GOTT, du erforschest mich und kennest mich. Ich sitze oder stehe auf, so weißt du es; du verstehst meine Gedanken von ferne. Ich gehe oder liege, so bist du um mich und siehst alle meine Wege. Von allen Seiten umgibst du mich und hältst deine Hand über mir. Führe ich gen Himmel, so bist du da; bettete ich mich bei den Toten, siehe, so bist du auch da. Nähme ich Flügel der Morgenröte und bliebe am äußersten Meer, so würde auch dort deine Hand mich

führen und eine Rechte mich halten. Spräche ich: Finsternis möge mich bedecken und Nacht um mich sein, so wäre auch Finsternis nicht finster bei dir, und die Nacht leuchtete wie der Tag. Denn du hast mich gebildet im Mutterleibe. Deine Augen sahen mich, als ich noch nicht bereitet war – und ich weiß: Am Ende bin ich immer noch bei dir, mein GOTT."

Warum ihm gerade dieser Psalm einfiel, warum er gerade den laut sprach – er wusste es nicht. Er wusste auch nicht, wie ihm geschah, als er seinen Vater, seine Mutter und die Eltern von Meikel an der Hand nahm, sich mit ihnen im Kreis um Meikels Bett stellte und dessen Hand ergriff, um so den Kreis zu schließen. Er wusste nicht, wie ihm geschah, wer oder was ihn ritt, als er anfing, laut zu beten:

„Vater unser im Himmel. Geheiligt werde dein Name …"

Das ganze Vaterunser betete er; er hatte es oft genug im Godie mitgesprochen, doch noch nie kam es ihm so intensiv, so wichtig und wertvoll, so stark vor wie jetzt in diesem Moment. Die tödlich gottlose Sprachlosigkeit war vorbei. Alle beteten sie, sogar sein Vater. Auch Meikel bewegte schwach die Lippen. Eigenartig ruhig, wie getröstet.

Und mit einem Mal wusste er, was das bedeutete, dieses „für uns", wusste, warum sich Christus freiwillig kreuzigen lassen hatte. Weil in ihm GOTT eben nicht ausstieg aus dem Leid. Nicht davor weglief. Sondern weil GOTT Menschen begleitet durch das Leid hindurch. Weil er durch Menschen, auch wie er einer war, dabeisitzt am Kranken- und Totenbett. Er spürte plötzlich, dass das Leid und die Auseinandersetzung damit ein ganz wichtiges Lebensthema sind; dass das Leben kein Wunschkonzert ist, das immer nur die schönen, die Dur-Töne spielt, und dass der Glaube das Leben viel bewusster erfahren lässt. Dass er stark werden lässt und dass sein Vater, der vermeintlich Starke, vor dem Thema „Leid“ immer davongelaufen war. Alle, die ihm wichtig waren, hatten das getan. Sie hatten ihn nicht nur in der Konfizeit alleingelassen. Nur der Mann am Kreuz nicht. Wer war in Wirklichkeit der Starke? Wer war der Schwache? Wer waren die sprachlosen Erwachsenen, die angesichts des Sterbens kein Wort über die Lippen brachten? Die den Tod – wider besseres Wissen – weggeschoben hatten in eine ferne Zukunft? Wer war er, der 15-Jährige, der allen Mut zusammengekratzt hatte, alles Wissen und Fühlen aus dem Konfiunterricht – und somit vielleicht genau die Worte gefunden hatte, nach denen sich eigentlich alle in diesem Moment sehnten, aber nicht den Mut hatten, sie auszusprechen? Er wusste es nicht. Er fühlte nur die Hand von Meikel auf seiner, Meikels Hand, seines besten Freundes, in der nur noch ein letzter Rest Wärme war.

„Für uns!“ und „Du bist nicht allein, Meikel“, flüsterte er ihm ins Ohr. „Wir sind da … ER …“ Bei diesem Wort kramte er in seiner Hosentasche und fand das kleine Metallkreuz, das sie zur Konfirmation geschenkt bekommen hatten, das aber bald danach in der Nachttischschublade verschwunden war. Er hatte es sich noch schnell geschnappt, bevor sie zum Krankenhaus aufgebrochen waren. Jetzt legte er es Meikel in die rechte Hand. „Für uns, damit wir nicht alleine sind, ist er gestorben. Wir sind da. ER ist da, für immer! Bei dir, bei mir. Bei allen, die leben und sich freuen dürfen, und bei allen, die leiden und sterben müssen.“ Woher diese Worte kamen, wie er sie so formulieren konnte, das wusste er nicht. Aber Meikels rechte Hand umschloss das Kreuz – so wie einen Anker.

Und mit diesem Anker ging Meikel in die andere Welt.

Nachdem Meikel für immer eingeschlafen war, trafen sich die beiden Familien draußen vor dem Zimmer. Meikels Mutter kam auf ihn zu, sagte nichts, weinte nur und drückte ihn an sich, wollte ihn gar nicht mehr loslassen. Und dann war sie da, die Hand, auf seiner Schulter, dankbar, eine Hand, die zu einem Gesicht gehörte, in dem er noch nie Tränen gesehen hatte. Es war die Hand seines Vaters. Sein Gesicht. Seine Tränen. Seine Anerkennung. Und er spürte, wie sich für ihn, den 15-Jährigen, in diesem Moment Schwerpunkte, Lebenseinschätzungen verschoben. Einschätzungen von Stärke und Schwäche. Von Leben, Freude und Leid. Und wie das alles zusammengehörte. Und was Glaube in diesem Geflecht bedeuten kann. Ob das alles ihm helfen würde, wenn es für ihn irgendwann Abschied nehmen hieß, das wusste er nicht. Ob das die Angst würde nehmen können. Aber eines *wünschte* er sich: dass auch dann einer da wäre, der ihm aus tiefem Herzen zusagen konnte, was er Meikel zugesagt hatte: „Für uns“ und: „Du bist nicht alleine.“

Eine Woche nach Meikels Beerdigung holte ihn sein Vater zu sich ins Arbeitszimmer, um ihm von einer seltsamen Begebenheit zu erzählen, nämlich, dass der Bestattungsunternehmer Meikels Vater mitgeteilt habe, dass Meikel in seiner rechten Hand ein kleines Kreuz gehalten hätte, so fest, dass er es, selbst nachdem die Todesstarre gewichen sei, nicht geschafft hätte, diese Hand zu öffnen. Meikel habe das Kreuz irgendwie nicht mehr hergeben wollen.

„Es war dein Kreuz, nicht wahr?“, fragte sein Vater.

Und wieder war ihm, als spräche nicht er, als er sich antworten hörte: „Nein, nicht meins, SEINS, vor dem er, die ‚Jammergestalt‘ nicht davongelaufen ist, SEINS, an dem er ‚FÜR UNS‘ gehangen hat!“

Ottmar Arnd, Pfarrer, Jahrgang 1955, Modautal

Der Rest ist Gnade

Ja, ich gebe es zu: Auch mich hat er gepackt, der Pilgervirus. Grassiert er doch gerade in ganz Deutschland, vielleicht sogar in ganz Europa, und wird durch den Erfolg von Hape Kerkelings Bestseller noch weiter angeheizt. Die meisten Pilger gehen nur die letzte Strecke des Jakobsweges von den Pyrenäen bis nach Santiago de Compostela. Dabei beginnt ein Pilgerweg doch eigentlich an der eigenen Haustür – wo das auch immer sein mag – und führt dann mehr oder weniger auf historischen Pfaden zum berühmten Pilgerziel.

In meinem Fall befindet sich die Haustür in München, und darum starte ich auch hier, und zwar ganz traditionell am Marienplatz. Die Säule vor dem Rathaus wird von Touristen belagert, und dazwischen stehe ich, ein Nachwuchspilger, der sich auf einen weiten Weg macht. Von München aus sollen es etwa 2.700 Kilometer bis Santiago sein. Wenn man von durchschnittlich 25 Kilometern pro Tag ausgeht und auch Pausentage einlegt, sollte man also mindestens vier Monate Zeit mitbringen. Und am besten noch einmal vier Monate für den Rückweg, denn wer will schon 120 Tage spirituell unterwegs sein und dann in den Flieger oder den ICE nach Hause steigen? Die Heimkehr, Schritt für Schritt, ist doch mindestens ebenso wichtig.

Diese Vorstellung klingt eigentlich sehr gut – aber praktisch habe ich als Religionspädagoge eben doch nur 29 Tage Urlaub im Jahr. Also wandere ich den Weg nicht am Stück, sondern in mehreren Etappen und werde, so Gott will, irgendwann an meinem Ziel ankommen.

Für Pfingsten habe ich mir den Weg zum Bodensee vorgenommen; seit einigen Jahren ist der Pfad als Münchner Jakobsweg auch recht ordentlich ausgeschildert. Das bedeutet für mich: elf Tage spirituellen Wanderns durch Oberbayern, an der Isar und den Seen entlang, Halt in den Klöstern Andechs und Wessobrunn, dann Pfaffenwinkel und Wieskirche, Allgäu, schließlich über die österreichische Grenze auf den Pfänder – und hinab nach Bregenz, dem Ziel dieses Reiseabschnitts.

Die Vorfreude auf das Finale, jenen wunderbaren Blick vom Pfänder hinab weit über den Bodensee, trägt mich durch so manch trüben Pilgertag und hilft mir bei der Überwindung von Müdigkeit und Schmerz. Zehn Tage liegen nun schon hinter mir, die manchmal wetterbedingt nicht leicht zu bewältigen waren. Und anders als auf der Hauptpilgerstrecke in Nordspanien hatte ich auch keinen Kontakt mit anderen Pilgern. Mir soll es recht sein. Mir ist es wichtiger, mir selbst näherzukommen, mich besser wahrzunehmen, kennenzulernen und mich von Gott begleiten zu lassen.

An meinem letzten Pilgertag verlasse ich mit euphorischen Gefühlen den Gasthof in Weiler, der mir in dieser Nacht ein weiches Bett gewährte. Noch der Weg bis Bregenz – heute werde ich endlich die letzte Hürde bewältigen und den Bodensee sehen! Mit diesem Wissen marschiert sich's doch gleich besser los – in die beste „Gehzeit" des Tages: Nach einer Viertelstunde Gehen ist mein Körper am Morgen wieder aufs Wandern eingestellt und die im Laufe des Tages aufkommenden Beschwerden und Verschleißerscheinungen lassen noch auf sich warten. Aus diesem Grund ist der Morgen meine Lieblingspilgerzeit.

An diesem Tag muss ich allerdings schon sehr bald gegen Schmerzen ankämpfen. Von den Blasen an Fersen und Zehen ganz zu schweigen; diese tun sowieso seit Tagen weh und wollen nicht heilen. Der Rücken meldet sich auch wieder; zwölf Kilo Gepäck machen sich zwangsläufig bemerkbar. Aber was schon nach zwei bis drei Kilometern wirkliche Probleme bereitet, ist mein linker Oberschenkel. Bergauf und, schlimmer noch, bergab schmerzt er bei jedem Schritt.

In Scheidegg, der ersten Zwischenstation dieses Tages, halte ich es schon nicht mehr aus, und dabei habe ich doch erst fünf oder sechs Kilometer geschafft. Ich stärke mich in einer Bäckerei und versorge das schmerzende Bein mit Franzbranntweinsalbe. Für den Moment hilft dies, aber schon nach der St.-Gallus-Kapelle auf dem Höhenweg in Scheidegg sind die Schmerzen wieder kaum zu ertragen. Ich pausiere noch einmal eine Viertelstunde und setze mich dann wieder in Bewegung – abwechselnd mit zusammengebissenen Zähnen und meiner ständigen Beschwichtigungsformel „Tut ja gar nicht weh!“, mit der ich mich mental zu beeinflussen versuche.

Ich entscheide mich schließlich für den direkten Weg nach Oberstein, der kürzer ist; die eigentliche Jakobswegführung wäre landschaftlich reizvoller, würde aber auch über einen weiteren Berg führen. Doch das würde mir an diesem Tag nicht gelingen. Aber auch auf der kleinen Straße werde ich als Pilger erkannt und angesprochen. Mit einem sympathischen älteren Herrn und seiner Enkelin gehe ich ein wenig gemeinsam, gehandicapt, wie ich bin, geht es sowieso nicht schneller. Der erfahrene Senior gibt mir noch ein paar Tipps, wie ich am besten über einen Hochweg zum Pfänder komme. Ich bedanke mich und biege, dem Schild mit der Jakobsmuschel folgend, in den Wald und auf den Weg zur St.-Ulrichs-Kapelle ein. Die dortige Quelle erfrischt mit Wasser, das gegen Augenleiden helfen soll. Etwas gegen schmerzende Muskeln wäre mir in dieser Situation lieber! Dennoch fülle ich mir ein Fläschchen ab, denn heute ist es trocken und schwül, sodass ich immer wieder heftig ins Schwitzen gerate und für frisches Trinkwasser dankbar bin.

Das beschwerliche Gehen über Waldwege bergauf und bergab macht es auch nicht leichter. Hätte ich meine Wanderung doch in Scheidegg beenden sollen? Von dort wäre ich auch mit dem Bus nach Lindau gekommen. Aber soll ich wirklich am letzten Tag den Wanderstab ins Korn werfen?

Ich frage mich selbst: Worum geht es? Den Schmerz auszuhalten bis zum nahen Ziel – oder kurz vorher abzubrechen, aufzugeben – so kurz vor dem Ende?! Den Bodensee doch nicht zu sehen, das Ziel nicht allein zu erreichen, die Erfahrung des Scheiterns zu machen? Und wie soll es denn klingen, wenn ich später mal von diesen Pilgertagen erzählen werde: *Ich bin in elf Tagen zum Bodensee gepilgert, aber leider nur fast, denn die letzte Etappe habe ich bedauerlicherweise nicht ganz geschafft …* Na toll!

Inzwischen befinde ich mich mitten im Wald und habe die grüne Grenze nach Österreich überschritten. Vor mir liegt das kleine Örtchen Möggers, von wo es gewiss keine Chance gibt, irgendwie mit öffentlichen Verkehrsmitteln wegzukommen. Ich humple also, auf meinen langen Wanderstab gestützt, weiter. Von rechts kreuzt nordic walkend ein sportliches Paar mit Hund. Ich grüße wie immer freundlich und versuche, mir nichts anmerken zu lassen. Meine Schwäche, meine Schmerzen behalte ich für mich. Die beiden ziehen weiter in den Ort hinein, auf dem Weg, der auch vor mir liegt. Der Mann, mit grauen dynamischen Locken und Sonnenbrille, dreht sich mehrmals zu mir um. Ich bin genervt und denke wütend: *Der soll halt fragen, wenn er was wissen will. Was schaut der denn so? Depp!* Mürrisch schleppe ich mich weiter den steilen Weg nach Möggers hinab.

Ob man von hier vielleicht ein Taxi rufen kann? Sieht nicht so aus. Und auf dem Schild, das mir den Weg weist, steht „Pfänder

2 ¼ h". Ob ich das wohl schaffe? Sicher werde ich doppelt so lange brauchen. Erschöpft, schwitzend und mit schmerzendem Oberschenkel stehe ich vor dem Wegweiser.

Da spricht mich jemand von der Seite an: der Typ von eben, der gerade Frau und Hund ins Auto packt, erkundigt sich doch tatsächlich, ob ich auf dem Jakobsweg unterwegs sei. Und welches Ziel ich für heute habe. Bregenz? Das seien noch mindestens drei bis vier Stunden! Ob ich denn nicht mitfahren wolle? Einen Moment zögere ich, aber nur einen winzigen. Will ich mir wirklich erlauben, jetzt schlappzumachen? Nicht mehr zu versuchen, gegen die Schmerzen anzukämpfen und sie zu überwinden? Auf den Blick, die wunderbare Aussicht, auf die ich mich seit Tagen freue, verzichten? Bevor ich all diese Argumente abgewogen habe, sagt mein Mund auch schon Ja – und sofort schießen mir Tränen der Erleichterung in die Augen.

Mein Retter stellt mich seiner Frau vor, und ich kümmere mich schnell darum, meinen Rucksack und meinen Pilgerstab zu verstauen. Hat der Himmel die beiden geschickt? Ich darf sogar vorn sitzen, damit ich das schmerzende Bein ausstrecken kann. Natürlich hatten meine Retter bemerkt, dass mir das Gehen große Mühe bereitete. Gut, dass ich meine Schwäche doch nicht ganz verbergen konnte.

Ein freundliches Gespräch ums Pilgern beginnt. Die Frau erzählt, dass sie zufälligerweise gerade „Ich bin dann mal weg" liest. Und ich berichte von meinem Weg. Wir haben eine ganze Menge Zeit, uns übers Pilgern auszutauschen, denn wir müssen auf der engen Bergstraße auch noch am örtlichen Feuerwehr- und Trachtenumzug vorbei, der schon Aufstellung genommen hat und gleich losziehen wird. Die feschen jungen Männer und Frauen lassen uns winkend vorbei. Und dann reicht uns eine freundliche Hand auch noch zwei Flaschen Bier für unterwegs!

Wie geschieht mir hier? Ich sitze neben einem Mann, den ich vor Kurzem innerlich noch beschimpft habe, strecke mein Bein aus, trinke ein Feierabendbier und plaudere mit netten Menschen übers Pilgern. Und dann, nach einer Biegung, taucht er auf, der See. Mein Ziel. Darauf warte ich seit zehn Tagen.

Allerdings hatte ich mir alles ein wenig anders vorgestellt: ein erhabener Blick nach langem Weg und mühevollem Aufstieg. *Ha, geschafft!* So hätte es sein können. Stattdessen werde ich sachkundig bergab chauffiert. Kann nichts mehr tun. Ich könnte mich nun ärgern, weil ich mir diesen Höhepunkt anders vorgestellt hatte. Oder ich kann meine Erwartung von dem, wie es sein müsste, loslassen und es einfach als Gnade nehmen …

Ein schönes, auch sehr evangelisches Bild: Aus eigener Kraft kann ich's nicht machen; es wird mir einfach geschenkt. Ich nehme das Geschenk an. Habe nicht danach gefragt, es wurde mir angeboten. Ich möchte lernen, es anzunehmen, auch wenn es anders ist, als ich's erwartet habe.

Meine bescheidenen Retter in der Not bringen mich sicher und wohlbehalten nach Bregenz und weisen mir die Richtung zum Kloster, das am Ende meiner Wegstrecke auf mich wartet.

Noch Tage, Wochen danach hadere ich mit mir: Muss ich wieder nach Möggers, um dieses Wegstück nachzuholen? Muss ich, wenn ich vom Bodensee weiterpilgern möchte, erst noch einmal auf den Pfänder hinauf? Geht es darum, dass ich jeden Schritt von meiner Haustür bis nach Santiago selbst gegangen sein muss? Was denken andere, was denke ich wohl von mir, wenn es nicht so gewesen sein wird?

Nachdem ich im Sommer darauf die Schweiz von Bregenz bis nach Genf durchwandert habe, bin ich mir inzwischen sicher, dass es darum eben *nicht* geht. Es erscheint mir viel wichtiger, die Hilfe, die mir auf dem Weg angeboten wird, auch annehmen zu können. Vielleicht sogar zu genießen. Das Pilgern ist ja sowieso anstrengend genug. Und der Rest? Der Rest ist Gnade.

Michael Kaminski, Dipl.-Religionspädagoge, Studienleiter an den Evangelischen Stadtakademien in München und Augsburg, Jahrgang 1969, www.evstadtakademie.de; www.annahof-evangelisch.de

Als Noah kam und Daddy ging

Das vergangene Jahr werde ich nie vergessen. Am Neujahrstag erwarteten wir mit riesiger Spannung die Geburt unseres zweiten Kindes. Schon jetzt war abzusehen, dass es seinen eigenen Willen hatte, denn es ignorierte seinen Geburtstermin völlig. Am 9. Januar kam Noah dann endlich zur Welt – gesund und munter.

Doch am nächsten Tag legte mein Vater sich auf den Küchenboden, weil er nach einem Spaziergang sehr erschöpft war, und konnte nicht mehr allein aufstehen.

Und er sollte nie wieder laufen können.

Seit geraumer Zeit litt er bereits an Prostatakrebs, doch bislang schien es ihm recht gut zu gehen. Einige Monate zuvor hatten er und meine Mutter, die auf Barbados lebten, uns noch besucht. Damals wirkte er, den Umständen entsprechend, wohlauf.

Nachdem wir die Nachricht von der neuerlichen Erkrankung meines Vaters erhalten hatten, beschlossen wir, einen geplanten Besuch bei meinen Eltern vorzuverlegen, und flogen mit unserem sechs Wochen alten Noah im Schlepptau in die Karibik. Mittlerweile war mein Vater wegen seiner Krebserkrankung in die Klinik eingeliefert worden und so bestimmten tägliche Besuche dort unseren Aufenthalt. Er freute sich riesig, Levi wiederzusehen, und strahlte stolz über den „Neuzugang" in unserer Familie. Doch trotz der Freude und trotz seines lauten Lachens war eines offensichtlich: Die Dinge hatten sich verändert. Dieser einst so kräftige Mann war nun gebrechlich, seine Beine abgemagert. Tief in seinen Augen konnte ich ablesen: Er war nicht mehr der Mann, den wir kannten.

Da gerade unsere CD „Surrounded“ erschienen war, kauften wir ihm einen tragbaren CD-Player, auf dem er sie sich anhören konnte. Dies sollte ihn etwas aufmuntern. Weil mein Vater mein größter Fan war, hörte er sich meine Songs normalerweise unablässig an. Leidenschaftlich diskutierte er mit mir über die Liedtexte und war stolz, dass ich über Themen sang, die wirklich Tiefgang besaßen. Aber dieses Mal schien es ihm viel Mühe zu bereiten, die CD anzuhören. Offensichtlich fiel es ihm zunehmend schwerer, sich zu konzentrieren.

Wir sprachen aber auch über seine Krankheit und darüber, wie die Heilungschancen standen. Wir unterhielten uns über das, was wichtig ist und was nicht. Über Dinge, die wir bereuten, über Herausforderungen und Beziehungen. Wir lachten über manche Eigenarten unserer Familie und diskutierten, wie wir es seit Jahren als Familie tun – in dem Wissen, dass es nichts daran änderte, was wir füreinander empfanden. Allerdings diskutierten wir dieses Mal ein wenig behutsamer. Uns war bewusst: Dies konnte das letzte Mal sein, dass wir einander sahen.

Drei Wochen später kehrten wir nach Deutschland zurück. Ein paar Tage darauf verließ mein Vater auf eigenen Wunsch das Krankenhaus und kam zurück nach Hause. Kurz danach waren wir wieder auf Tournee: in Kuba, Mexiko, Panama, Honduras, Costa Rica, in der Dominikanischen Republik, Jamaika und Guatemala … und aus jedem Land rief ich zu Hause an. Normalerweise liebte mein Vater es, alles über unsere Reisen zu erfahren, und er fragte uns über sämtliche Länder aus, in die uns die Musik führte. Doch dieses Mal bereitete ihm das Sprechen zu große Mühe.

„Es geht ihm gar nicht gut“, erklärte meine Mutter mir eines Morgens.

„Bitte leg doch den Hörer neben ihn“, bat ich sie und versprach: „Ich ruf später noch einmal zurück.“ (Er nahm keine Anrufe mehr persönlich entgegen, weil er weder den Hörer abnehmen noch sprechen konnte.)

Als ich ein paar Stunden später anrief, meldete sich jedoch niemand. *Ich versuch's gleich noch mal,* dachte ich. Ich war dennoch etwas unruhig und versuchte, mich mit der Erledigung von Papierkram etwas abzulenken. Dann klingelte das Telefon. Im Bruchteil einer Sekunde wusste ich, was dies zu bedeuten hatte. Obwohl ich jeden Tag mit meiner Mutter sprach, war *ich* immer diejenige, die anrief.

„Hallo, Judy", vernahm ich die Stimme meiner Mutter. „Du kannst dir sicher denken, was passiert ist, wenn ich anrufe. Daddy ist vor etwa zwanzig Minuten gestorben." Ich erkundigte mich nach den Einzelheiten, und sie beschrieb, was geschehen war. Als ich angerufen hatte, war sie gerade für ein paar Minuten unterwegs gewesen. Ich ärgerte mich, dass ich nicht früher zurückgerufen hatte. „Er hätte ohnehin nicht mit dir sprechen können", tröstete sie mich.

Ich war mir dessen bewusst, doch wenn er meine Stimme gehört hätte, dann hätte er vielleicht gemerkt, dass ich so nah bei ihm war, wie ich es nur sein konnte … Aber vielleicht hätte es *mir* mehr bedeutet als ihm. Trotzdem hätte ich gern gewusst, dass ich alles nur Mögliche getan hatte und dass er einige Stunden vor seinem Tod meine Stimme hätte hören können. Mir war, als verlöre ich durch den Tod meines Vaters einen Teil meiner Sorglosigkeit und Unschuld.

Am nächsten Tag flogen Noah und ich nach Barbados. Mein Vater war ein Denker gewesen, ein Mann, der gern viele Fragen stellte, die oft gleichsam ermüdend wie tiefsinnig gewesen waren. Das hatte ihm den Spitznamen „Philosoph" eingebracht, da er zudem auch dafür bekannt gewesen war, dass er bei Radiosendungen anrief, an denen die Zuhörer sich beteiligen konnten.

Deshalb beschlossen wir, ein paar seiner Fragen und Aussagen auf dem Programmblatt der Trauerfeier abzudrucken: „Wachstum bedeutet, alte Blätter abzuwerfen, während neue sprießen" und: „Inspiration kommt durch die Sinne. Woher kommt Offenbarung?"

Wir fügten auch noch ein paar Fotos von ihm hinzu. Auf einem der Bilder war er in einer lustigen Pose zu sehen, mit der Hand am Kinn, unter einem Straßenschild mit der Aufschrift „Philosophenweg". Dieses Foto war vor knapp einem Jahr während eines Deutschlandbesuches entstanden.

„Wollen Sie bei der Trauerfeier singen?", fragte mich der Bestattungsunternehmer, als wir die Beerdigung vorbereiteten. „Das hätte ihm bestimmt gefallen", fügte er hinzu, da er meinen Vater gekannt hatte. Darüber hatte ich noch gar nicht nachgedacht.

„Nein", entgegnete ich spontan und hatte den Eindruck, dass das angesichts dieser Situation die richtige Entscheidung war. „Ich habe keine Ahnung, wie ich mich am Tag der Beerdigung fühlen werde, und will nicht noch unter dem zusätzlichen Druck stehen."

„Selbstverständlich. Das verstehe ich", erwiderte er.

Die Tage vor der Beerdigung waren mit zahllosen Terminen angefüllt; es musste so viel organisiert und erledigt werden. Außerdem erhielten wir eine Vielzahl von Telefonanrufen und jede Menge Besuch. Ich staunte, wie viele Menschen uns unterstützten. Doch während dieser außergewöhnlichen Zeit – in all der Hektik und Geschäftigkeit – ließ mich eine Frage nicht los: „Soll ich vielleicht doch auf der Beerdigung singen?"

Ich kannte die Lebensgeschichte meines Vaters, seine Eigenheiten, seine Krankheit ... *Bei all dem Beistand und dank der Stärke meiner Mutter*, so überlegte ich, *könnte ich es vielleicht tatsächlich tun.* Der Bestattungsunternehmer hatte recht: Es würde meinem Vater gefallen. Dennoch beschloss ich, die endgültige Entscheidung auf die Beerdigungsfeierlichkeiten selbst zu verschieben. Dann würde ich wissen, wozu ich in der Lage war und wozu nicht.

Am Morgen der Beerdigung fragten wir uns, wie dieser Tag wohl verlaufen würde. Es war völliges Neuland für uns. Andererseits machten wir aber auch die Erfahrung, dass es wunderbar war, Noah dabeizuhaben. Er war so unbekümmert und verstand nichts von all dem, was um ihn herum ablief. Ich rief auch Patrick an und sprach mit Levi. Sie beteten für diesen Tag und ich war dankbar für ihre Liebe.

Wie auf Barbados üblich, gingen wir im engeren Familienkreis zuerst zum Beerdigungsinstitut, um am offenen Sarg Abschied zu nehmen. Als wir die Eingangshalle betraten, fragten wir uns, wie es wohl sein würde, meinen Vater im Sarg liegen zu sehen.

Es war ein unwirkliches Gefühl, und meine Reaktion war ganz anders, als ich es erwartet hatte. Als ich sein Gesicht betrachtete, die Gesichtszüge, die ich so gut kannte, war ich überrascht … und fühlte mich gleichzeitig erleichtert. Ich horchte in mich hinein und suchte nach Traurigkeit, fand aber keine. *Das ist er gar nicht*, dachte ich nur. *Dieser Körper sieht ihm nicht ähnlich.* Es war, als ob Gott mir zuflüsterte: „Er ist nicht mehr hier.“ Ganz offensichtlich war der Körper wirklich nur eine Hülle. Plötzlich verstand ich zum ersten Mal, dass nicht nur besondere Merkmale ein Gesicht prägen, sondern auch die Seele und der Geist. Daddy war nicht hier. Nach seinem letzten Atemzug war er zu Gott gegangen.

Wir alle fühlten uns erleichtert. Nun waren wir bereit für die Beerdigung.

Und Daddy hätte seine Trauerfeier gefallen. Die Kirche war voll: Familienangehörige, Freunde, Nachbarn – alle waren gekommen. Ein paar Trauergäste erschienen sogar, weil sie übers

Radio erfahren hatten, dass er, einer der regelmäßigen Anrufer in Hörersendungen, verstorben war. Während der Grabrede lachten manche leise über Anekdoten, die seine lustige, mitunter sonderbare Art wiedergaben. Der Priester verwob sogar einige von Vaters Fragen und Aussagen in die Trauerrede und feierte so Daddys Art zu Denken. Wir stellten uns vor, wie Vater über alles schmunzeln würde.

Ja, und ich sang.

Ich entschied mich für ein Lied, das ich erst einige Monate zuvor aufgenommen hatte. Er hatte es noch gehört. Nun kam es mir so vor, als hätte ich es für ihn geschrieben: für einen Mann mit vielen Fragen. Es ging darin um die Möglichkeit, Gott endlich zu begegnen und – vielleicht auf unerwartete Art und Weise – Antworten zu finden. Ich merkte, dass es *sein* Lied war. Es trägt im Englischen den Titel: „One Day“.

Eines Tages
Wenn ich dich nur eines Tages erkennen könnte
So viele Dinge würde ich dir sagen wollen – o ja
Wenn ich dich nur eines Tages erkennen könnte

Nun, wenn ich wirklich, wirklich die Chance hätte,
dir zu begegnen
Würd ich mich verlieren
Voller Bewunderung und Staunen wäre ich,
wenn ich dich sähe
Ich würd mich verlieren
Und ich vermute, dass meine Worte nur wenige wären
Ich würd mich verlieren
Alle Fragen, die ich habe, würden sich auflösen in dir
Ich würd mich verlieren

Vielleicht würde ich Liebe aus deiner Sicht sehen
Ich würd mich verlieren
Rückblickend alles verstehen
Ich würd mich verlieren
Das Leben aus einer neuen Perspektive angehen
Ich würd mich verlieren
Nie mehr Zeit verschwenden mit meinen Angstgefühlen
Ich würd mich verlieren

Aufhören, allen gefallen zu wollen, das Unwichtige hinter mir lassen
Ich würd mich verlieren
Und meine Hemmungen würden mich nicht mehr zurückhalten
Ich würd mich verlieren
Ließe die Lügen und Gerüchte ihren wahren Platz finden
Ich würd mich verlieren
Ich hätte alles, was zählt, wenn ich in dein Angesicht schaue
(„One Day", Text + Musik: Judy Bailey; © 2006 dyba music, erschienen auf der CD: „Surrounded")

Die Dunkelheit wird immer ein Teil dieser Welt sein und deshalb auch ein Teil unseres Lebens: düstere Gedanken, düstere Momente, düstere Zeiten. Es mag uns so erscheinen, als sei das Licht für immer verloschen. Aber genau in dem Augenblick, in dem die Nacht am dunkelsten ist, wendet sie sich – wenn auch langsam – ins Tageslicht. Es kommt der Augenblick, in dem die Dunkelheit dem Licht nicht länger widerstehen kann.

Ich wünsche mir keine dieser düsteren Zeiten herbei und bitte auch nicht darum. Dennoch weiß ich, dass ich ohne sie nicht die Person wäre, die ich heute bin. Diese Zeiten sind intensiv und hart und unvergesslich. In diesen Zeiten sind wir aber auch besonders sensibel – und darin liegt eine Chance: Wir können uns auf einmalige Art und Weise für Gottes Stimme und Gottes Wege öffnen. Während mein Vater von diesem Leben ins nächste überging, spürte ich den Himmel – ganz real. Ich wusste: Gott ist größer als all diese finsteren Nächte.

Zehn Monate später sind wir – Patrick, Levi, Noah und ich – nun gerade aus Barbados zurückgekehrt. Ein bisschen unwirklich war es schon, das Grab wiederzusehen, es zu pflegen und darüber nachzudenken, was tief in der Erde begraben liegt. Doch an einem ganz anderen Ort war ich unerwartet zu Tränen gerührt: in der Postfiliale.

„Haben Sie Ihrem Vater Blumen geschenkt?“, erkundigte sich die mir unbekannte Frau hinter dem Schalter.

„Bitte?“, entgegnete ich verwirrt. Ich hatte keine Ahnung, was sie meinte.

„Ihr Vater – haben Sie ihm Blumen geschenkt?“

„Aber mein Vater ist –“

Doch kurz bevor ich das letzte Wort aussprechen konnte, fügte sie hinzu: „… Blumen fürs Grab. Junge Frau, Ihr Vater hat so viel von Ihnen erzählt. Er hat oft Fotos mitgebracht und uns berichtet, was Sie so alles machen. Sie und Ihre Musik und Ihre Reisen und Ihre Familie – er war so stolz auf Sie.“

Mein Herz weinte … und sang.

Judy Bailey, Musikerin, Jahrgang 1968, Alpen www.judybailey.de

Gerettet

Es war am 24. Dezember 1995. Wie bei den Katholiken üblich, wollte ich an diesem Tag zu meiner Weihnachtsbeichte. Als ich mich auf den Weg machte, überkam mich jedoch ein starker Impuls: „Geh zur Drogenszene, denn der Vater im Himmel möchte dir etwas zeigen."

Damals gab es am alten Lettenbahnhof eine große Drogenszene, in der immer Scharen von Dealern, Fixern und anderen Personen herumlungerten. Auf der Fahrt ging mir das Gespräch durch den Kopf, das ich kurz zuvor mit einer für meinen Geschmack etwas zu eifrigen Katholikin geführt hatte. Sie klagte darüber, wie wenige Menschen noch an Jesus glaubten und wie schlimm es um die Moral unserer Gesellschaft bestellt sei. Abschließend meinte sie noch: „Die Seelen der Menschen fallen so zahlreich in die Hölle, wie die Schneeflocken im Winter vom Himmel."

Ich schob diese Gedanken beiseite und betete den Rosenkranz. Es war schließlich Weihnachtszeit, und wer Franz von Assisi kennt, der weiß, welch freudvolle Zeit das für uns Franziskaner ist. Franziskus war es, der der Freude über den Kind gewordenen Gottmenschen Jesus sozusagen neu zum Durchbruch verhalf, als er vor fast 800 Jahren in einer ärmlichen Grotte im italienischen Greggio mit Ochs und Esel die Weihnachtsliturgie feierte – Weihnachten, das Fest, bei dem aus einem unendlich großen Gott ein demütiges kleines Kind in der Armut der Krippe wird.

Mit solchen Gedanken kam ich zur kleinen Lettenbrücke. Ich dachte an das Gespräch über die Hölle und musste dabei etwas schmunzeln. In Gedanken begann ich, mit dem Bild von den Schneeflocken zu spielen. Ich blickte den Drogenabhängigen nach und dachte: *Wenn du nicht zum Glauben an Jesus kommst, wirst du unvermeidlich in die Hölle fahren, so wie eine Schneeflocke, die im Winter vom Himmel fällt, unweigerlich zu Boden sinkt. Und du auch und du und du und du …*

Die witzelnden Gedanken an die Hölle wurden zunehmend ernster und quälender. Ja, die Frau hatte vermutlich recht. Wenn sie sich nicht für ein Leben mit Gott entschieden, würden alle in die Hölle fahren. Ich merkte langsam, dass die Hölle kein Thema ist, über das man Witze macht. Es schien, als seien sowieso alle Menschen verloren und die Arbeit unter Drogenabhängigen völlig sinnlos … Immer wieder dröhnte ein Satz in meinen Ohren: „Ihr seid ewig verloren, verloren, verloren …“ All die Bilder, die für mich mit dem Thema „Hölle“ verbunden sind, kamen mir wieder ins Gedächtnis. Dies war eine schlimme Erfahrung für mich.

Verunsichert über das, was ich hier tat, begann ich zu beten. Zuerst den Rosenkranz, dann mit freien Worten: „Lieber Vater im Himmel. Was soll das? Ich dachte, du hast mich auf die Gasse geführt, um mir etwas zu zeigen. Aber ich verstehe nur so viel, dass alle hier verloren sind und es keine Hoffnung mehr für sie gibt. Das darf doch nicht wahr sein!“

So sprach ich eine ganze Weile mit Gott, als plötzlich vor meinem inneren Auge aus dem Fluss, an dem ich stand, ein riesiges Kreuz aufstieg. Es war nicht wirklich und doch erlebte ich dieses Bild ganz real. Mehrere Meter hoch stand es vor mir, und am Kreuz hing ein Drogenabhängiger, der von oben bis unten mit Striemen, Abszessen, Blut, abgebrochenen Nadeln und Hunderten, wenn nicht gar Tausenden Einstichen übersät war. Festgenagelt war er mit großen Spritzen. An den Spritzen waren wiederum Filme befestigt, auf denen sah man, wie die Drogen beschafft wurden: durch Einbruch, Lügen, Prostitution, Dealen. Aber es war auch zu sehen, was mit den Drogengeldern finanziert wird: vom Luxus mitten in Armutsvierteln bis hin zu den Söldnern in den Kriegsgebieten.

Als ich genauer hinschaute, erkannte ich im entstellten Körper des Süchtigen den Leib und das Antlitz Jesu. Ich war völlig perplex. Alles hatte ich erwartet an diesem Weihnachtsfest, alles außer einer solch furchtbaren Karfreitagsvision. „Was soll das, guter Gott, jetzt ist doch Weihnachten!"

Noch bevor ich meinen Satz beendet hatte, schien Gott zu mir zu sprechen: „Benno, glaubst du immer noch nicht, dass mein Sohn in jedes dieser Schicksale hinabgestiegen ist? Er hat alles aus Liebe angenommen, durchlitten und gesühnt. Die Menschen hier auf der Gasse und an allen anderen Orten sind nicht verloren, sie sind gerettet, aber sie wissen es nicht. Geh und bring allen dieses Weihnachtsgeschenk. Erzähle ihnen die frohe Botschaft, die ihnen Rettung schenkt."

In mir brach eine Fontäne der Freude und Hoffnung auf. Meine Zweifel, ob völlige Vergebung für jeden überhaupt möglich war, ebenso die verdrängte Angst vor dem Geheimnis der Hölle, all das wurde von einer Flut von hoffnungsvollem Glauben weggespült.

Eine wunderbare Freude durchdrang meinen Leib und meine Seele. Ich wandte mich der Gasse zu. Zwei Dealern, deren Wege ich kreuzte, fiel ich beinahe um den Hals. Mit etwas allzu viel Enthusiasmus verkündete ich ihnen: „He, Jungs, ihr seid erlöst, ja wirklich, ihr seid erlöst, ihr wisst es nur noch nicht."

Überrascht erwiderten sie: „He, du Mönch, du hast wohl etwas zu viel gebetet!?"

Ich war aber nicht zu bremsen und begann, ihnen von Jesus zu erzählen. Nach einer Weile kamen immer mehr Menschen hinzu, und während ich von Jesus berichtete, davon, wie er vom Himmel kam und bis in den Tod am Kreuz hinabstieg, sah ich, wie ein elegantes Auto anhielt. Als sich die Tür öffnete, stieg ein Herr mit Krawatte aus, kam auf mich zu und übergab mir mit den Worten „Ich weiß auch nicht genau, warum ich dir den Korb gebe, aber irgendwie musste ich es einfach tun“ einen Früchtekorb.

Er verabschiedete sich und ich stand etwas verdutzt da. Dann kam mir ein Geistesblitz: „Wisst ihr, ich weiß nicht, warum ich diesen Früchtekorb bekommen habe. Aber wir können jetzt noch lange über den Früchtekorb diskutieren oder einfach zugreifen und den Inhalt genießen. Genauso ist es mit dem Glauben an Jesus Christus: Wir können lange darüber diskutieren oder uns einfach darauf einlassen.“

Noch bevor ich geendet hatte, hatte auch schon jemand die Champagnerflasche geöffnet und den Korken fliegen lassen. Augenblicke später war mitten auf der Gasse ein richtiges kleines Fest im Gange. Und es vergingen keine zehn Minuten, da war auch schon alles verzehrt – zuerst der Champagner, dann die Süßigkeiten und erst am Schluss das Obst.

Schließlich verabschiedete ich mich mit dem Hinweis, dass ich noch zur Beichte gehen wolle.

Ornella, die Tochter eines Polizisten im gehobenen Dienst, schaute mich an und sagte: „Darf ich auch mitkommen? Aber ich weiß nicht mehr, wie das geht. Ich war seit der Schule nie mehr bei der Beichte.“

Ornella hatte wahrscheinlich alle Sünden begangen, die man so begehen konnte, wenn man in dieser Szene lebte – vom Dealen bis zur Prostitution. Daher erklärte ich ihr: „Erzähle dem Priester all das, was du als Fehler und Sünde erkennst. Versuche nicht, es zu beschönigen, sondern steh dazu, wo du gefehlt hast. Aber erzähle ihm auch von den Wunden deines Lebens, denn oft wachsen aus den Verletzungen bittere Kräuter, die gefährliche Früchte tragen. Jesus ist der, der die Schuld vergibt und auch die Wunden heilt. Habe also den Mut, alles ganz ehrlich auszusprechen, denn in der Bibel steht: Die Wahrheit macht euch frei."

Als wir in der dunklen Krypta der Liebfrauenkirche ankamen, war sie zuerst etwas scheu. Aber ich flüsterte ihr aufmunternd zu: „Komm, versuch es, es wird dir guttun." Und dann schickte ich sie bei einem mir gut bekannten Priester zur Beichte, während ich in der Krypta wartete.

Leises Schluchzen drang bald darauf aus dem Beichtstuhl und endlich ging die Tür wieder auf. Ornellas Augen strahlten und sie fiel mir beinahe um den Hals: „Benno, mir wurde vergeben, er hat mir die Absolution erteilt, mir wurde wirklich vergeben!" Ihre verweinten Augen strahlten wie zwei Sterne, so klar, wie ich sie nie zuvor gesehen hatte. Etwas von dem, was in dem Beichtstuhl mit ihr geschehen war, musste sie zutiefst berührt haben. Sie machte eine Erfahrung, die wir hoffentlich alle in unserem Leben machen: „Ich werde geliebt, so wie ich bin – als Fixerin, als Hure, als Dieb und Dealerin. Gottes Liebe ist größer und er wird einen Weg mit mir finden."

Ornella war nach der Beichte immer noch süchtig und auch ihre Probleme hatten sich nicht in Luft aufgelöst. Aber sie machte die tiefe Erfahrung des völligen Angenommenseins und erkannte, dass Gott sie aus ihrem Leben in der Einbahnstraße herausholen konnte und wollte.

Sie fügte hinzu, dass der Priester ihr angeboten habe, wiederzukommen, und im gleichen Atemzug fragte sie mich: „Und du, was machst du heute Abend?"

„Ich werde Heiligabend allein in meiner Zelle verbringen und an all die Menschen denken, die in dieser Weihnachtszeit vor Einsamkeit verzweifeln. Um Mitternacht feiern wir in unserer

Dachkapelle die Mitternachtsmesse. Wenn du Lust hast, kannst du gerne kommen."

Ich betete gerade in meinem Zimmer, als es um halb zwölf Uhr klingelte. Als ich zur Tür ging, mutmaßte ich, dass es vielleicht ein Nachbar sei, der zur Messe kommen wollte. Doch als ich öffnete, traute ich meinen Augen kaum: Da stand eine ganze Traube von Leuten an der Tür, die ich von der Gasse kannte. Bevor ich etwas sagen konnte, rief einer von ihnen auch schon: „Ich möchte ebenfalls beichten. Ornella hat uns davon erzählt und wir wollen auch zur heiligen Messe kommen."

Ich musste an die Engel aus Lukas' Bericht denken, die den Hirten mitteilten, der Retter sei gerade in einem Stall zur Welt gekommen. Damals standen die Hirten am Rand der Gesellschaft, heute waren es die Süchtigen. An diesem Tag war Ornella der Engel, der die frohe Botschaft verkündete, die junge Frau, die so von Gott berührt war, dass sie gleich mehreren „Hirten" den Weg zu unserer Krippe an der Hofackerstraßenkapelle gewiesen hatte.

Unser Pater stieß an diesem Abend etwas an seine Grenzen – so viele Personen wollten bei ihm die Beichte ablegen. Und dann erzählte er in einer wunderbaren, improvisierten Weihnachtspredigt von Christi Geburt. Wie die Hirten kamen, wie vielleicht auf allen Balken im armen Stall von Bethlehem Engel gehockt hatten, um die Ankommenden zu betrachten. Unsere Besucher sangen und beteten mit, so gut sie konnten. Und mir war, als ob ich einige dieser Engel auch bei uns in der Kapelle auf den Balken sitzen sah.

Beno Kehl, Sozialunternehmer Jahrgang 1966, www.fraga.ch/ www.kahnu.ch

Der Hauch der Auferstehung

Ich lernte Petra 1983 kennen. Damals war sie Konfirmandin in der Gemeinde, in der ich meine erste Stelle als Pfarrer innehatte. Während der Konfirmandenzeit war sie mir als ein kesses und hübsches, hilfsbereites und engagiertes Mädchen aufgefallen, zu dem ich während des Konfirmandenjahres eine gute Beziehung aufbauen konnte. Auch nach der Konfirmandenzeit traf ich sie immer wieder einmal bei verschiedenen Gottesdiensten oder Gemeindeveranstaltungen.

Im August 1987 verlebte ich mit meiner Familie einen schönen Campingurlaub in Kärnten, als mich wenige Tage vor Urlaubsende ein Anruf meiner Sekretärin erreichte. Sie teilte mir mit, dass Petra auf der Rückreise aus dem Urlaub bei der Fahrt vom Stuttgarter Flughafen nach Heidelberg tödlich verunglückt sei. Petras Eltern fragten nun an, ob ich am Freitag die Beerdigung halten könne, ob es mir also möglich sei, bereits am Donnerstagabend (statt am Samstag) aus dem Urlaub zurückzukehren. Ich sagte zu und traf am Donnerstagabend in Heidelberg ein. Für den Freitagmorgen verabredete ich mich mit den Eltern zunächst auf unserem Friedhof, um von Petra am offenen Sarg Abschied zu nehmen, ehe wir dann in die Wohnung der Eltern gingen, um die Beerdigung vorzubereiten.

Die Gespräche mit den Eltern waren von der unglaublichen Intensität des Schmerzes und der Trauer geprägt. Vor allem das lange Gespräch auf dem Friedhof, das wir in der wärmenden Morgensonne führten, erschütterte mich zutiefst. Gemeinsam suchten wir nach Wegen, um unserem Schmerz Ausdruck zu verleihen, stammelten mehr Fragen als Antworten und waren innig verbunden in der gemeinsam geteilten Ratlosigkeit. Petra war das einzige Kind der beiden gewesen und der Verlust dieses Kindes war für die Eltern unerträglich. Während des Gespräches erinnerte ich mich daran, dass Petra sich als Konfirmationsspruch eine Aussage Jesu aus dem Johannesevangelium ausgesucht hatte: „Ich bin die Auferstehung und das Leben. Wer an mich glaubt, der wird leben, auch wenn er stirbt“ (Johannes 11,25). Welch ein ungewöhnlicher Konfirmationsspruch! An Petras offenem Grab klang er plötzlich wie ein prophetisches Wort.

Wir sprachen ebenso über das Leben nach dem Tod wie auch über Petras Glauben an Engel. So schlug ich vor, während der Beerdigungsfeier den Schlusschoral aus J. S. Bachs „Johannespassion“ spielen zu lassen: „Ach Herr, lass dein lieb Engelein am letzten End die Seele mein in Abrahams Schoß tragen.“

Gegen elf Uhr verabschiedeten wir uns voneinander. Wie es mir gelang, in den verbleibenden eineinhalb Stunden eine Beerdigungsansprache zu verfassen, den Choral von der Schallplatte auf den Kassettenrecorder zu überspielen und dann die Beerdigung so zu halten, dass die Eltern in der Tat nach einem langen gemeinsamen Verweilen am Grab etwas getröstet davongehen konnten, ist mir bis heute ein Rätsel – besonders angesichts der Tatsache, dass ich damals – noch ganz am Anfang meiner beruflichen Tätigkeit als Pfarrer – selbst große Schwierigkeiten hatte, den biblischen Auferstehungsglauben in all seiner tröstlichen Kraft zu verstehen und in heute verständliche Sprache zu übersetzen. Woran glaubte ich eigentlich selbst? Ist doch Auferstehung etwas, das sich meiner Vorstellung entzieht. Was meint „Auferstehung“ – etwa die Wiederbelebung der toten Leiber? Doch nicht wirklich. Aber was sonst? Ein Auffahren der Seele zu Gott? Ein Leben in einem neuen Leib?

Mir war das Bild von der Auferstehung der Toten schon lange ein wichtiges und tröstendes Bild, aber auch ich teilte mit den Eltern die Schwierigkeit, dieses Bild konkret zu füllen. Am ehesten konnte ich mich noch in den Worten des schweizerischen Dichterpfarrers Kurt Marti wiederfinden:

„Ihr fragt: Wie ist die Auferstehung der Toten?
Ich weiß es nicht.
Ihr fragt: Wann ist die Auferstehung der Toten?
Ich weiß es nicht.
Ihr fragt: Gibt es eine Auferstehung der Toten?
Ich weiß es nicht.
Ihr fragt: Gibt es keine Auferstehung der Toten?
Ich weiß es nicht.“
(Kurt Marti: „Leichenreden“. Darmstadt: Luchterhand, 1989)

„Ich weiß es nicht.“ Schlimm wäre es, wenn meine Predigt an Petras Grab mit diesem Satz geendet hätte. „Ich bin die Auferstehung und das Leben. Wer an mich glaubt, der wird leben, auch wenn er stirbt; und wer da lebt und glaubt an mich, der wird nimmermehr sterben.“ Als ich intensiv über diese Worte Jesu nachdachte, erkannte ich, dass Jesus sich nicht auf meine unsicheren Vorstellungen über das Leben im Jenseits einlässt. Jesus lenkt meinen Blick weg von den unsicheren Spekulationen über die Auferstehung der Toten am Jüngsten Tag. In ihm selbst begegnet mir ewiges, jenseitiges Leben. In ihm selbst wird die Auferstehung der Toten zu einer gegenwärtigen Wirklichkeit. In ihm selbst strahlt der Morgenglanz der Ewigkeit in die Welt. Er sagt mir Leben zu und bewirkt bei mir neues Leben. Ich spüre, wie in der Begegnung mit Jesus Christus der Hauch des Todes verweht und wie ein neuer, reinigender Wind durch mein Leben fährt.

Als wir auf dem Friedhof von Petra Abschied nahmen, erfüllte uns grenzenloser Schmerz. Aber in diesem Augenblick des Abschieds spürten wir alle auch etwas vom Hauch der Auferstehung. „Ich bin die Auferstehung und das Leben" – Petras Konfirmandenspruch erfüllte uns mit einem tiefen Frieden. Noch ein anderer Ausspruch eines Philosophen wurde zu einem Lichtstrahl in der Dunkelheit: „Glaube ist der Vogel, welcher singt, wenn die Nacht noch dunkel ist." Und als der Choral „Ach Herr, lass dein lieb Engelein" erklang, erschloss sich uns eine jenseitige Wirklichkeit, die Wirklichkeit Gottes. Gestärkt konnten wir Petra zu Grabe tragen. An diesem Tag haben wir den Hauch der Auferstehung verspürt, haben wir erlebt, wie Christus uns am Grab eines jungen Mädchens neues Leben schenkte.

Auferweckt durch den Windhauch der Auferstehung Christi können wir getrost leben – ohne Furcht vor dem Tod. Das habe ich an Petras Grab verkündigt. Und seitdem weiß ich es mit größerer Gewissheit denn je: Der Herr, der selbst die Auferstehung und das Leben ist und der mich in meinem Leben immer wieder auferweckt, wird auch über den Tod hinaus bei mir sein. Ich weiß, dass der Wind seiner Auferstehung auch dort noch wehen wird, wo ich nur den Hauch des Todes wahrnehme. Dies zu wissen reicht mir. Ich brauche nicht mehr über das „Wie" zu spekulieren. Ich brauche nicht mehr zu fragen, wie ich mir die Auferstehung von den Toten am Ende der Zeiten vorstellen soll. Ich habe erfahren, wie Christus mich aus den vielfältigen Toden meines Lebens auferwecken kann. Warum sollte er mich nicht auch aus meinem letzten Tod auferwecken?

Dr. Ulrich Fischer, Landesbischof der Ev. Landeskirche in Baden, Jahrgang 1949, Karlsruhe, www.ekiba.de

Behindert

Wenn es wirklich so gekommen wäre, wie unser alter Hausarzt prognostiziert hatte, hätte ich das dritte Lebensjahr oder zumindest die Pubertät nicht überlebt. Meine Geburt war sehr schwierig gewesen, weil ich in meiner Ungeduld viel zu früh die Welt erkunden wollte. Ich musste daher nicht nur längere Zeit im Brutkasten verbringen, sondern der Sauerstoffmangel bei der Geburt hatte eine spastische Lähmung verursacht. Diese Funktionsstörung im Gehirn war natürlich nicht lebensbedrohlich, aber zur damaligen Zeit auf dem Land noch relativ unbekannt.

Für mich war es als Kind überhaupt kein Problem, behindert zu sein. Obwohl meine Mutter früh verstarb, wuchs ich ganz normal bei meinen neun älteren Geschwistern und meinem Vater auf. Ich wurde überallhin mitgenommen, und ich war eben so, wie ich war. Es gab damals noch keine Integrationsklassen, aber der Schuldirektor entschied, dass ich in die Schule aufgenommen wurde, und damit basta. Während meiner Schulzeit wurde ich von meinen Mitschülern auf dem Schlitten oder im Rollstuhl mitgenommen. Ältere Mitschüler oder Lehrer trugen mich täglich die Treppen hoch. Mit dem Ende der Schulzeit kamen einige schwierige Jahre, denn meine Freunde starteten ins Berufsleben, und ich saß allein zu Hause.

Eine Kopfoperation brachte nicht den erhofften Erfolg, und so musste ich mir langsam eingestehen, dass sich der Traum von einem Beruf für mich wohl nie erfüllen würde. Jetzt erkannte ich erst richtig, dass ich in der Leistungsgesellschaft niemals würde mithalten können, und dieses Wissen stürzte mich in eine tiefe

Krise. Ich sah mein Unvermögen und glaubte einfach dem, was andere über mich sagten: Ich kann nichts, also bin ich nichts wert.

Ich zog in ein Behindertendorf in Altenhof. Dort lernte ich Menschen kennen, die mir etwas zutrauten und mich herausforderten. Bereits zwei Monate später wurde ich zur Bewohnervertreterin ernannt und war plötzlich mit Problemen konfrontiert, von denen ich vorher keine Ahnung gehabt hatte. Bald darauf bekam ich auch meinen ersten Elektrorollstuhl, der mir ein völlig neues Gefühl der Selbstständigkeit verlieh.

Altenhof bot mir Sicherheit, denn ich konnte mir gewiss sein, dass mir immer jemand helfend zur Seite stand. Ich konnte innerhalb der vorgegebenen Tagesstruktur vieles unternehmen, das neu für mich war. Es fehlte auch nicht an Aufgaben und Herausforderungen, aber dennoch konnte ich meine Minderwertigkeitskomplexe nicht ablegen und wusste, aus eigener Kraft würde ich dieses Leben nicht lange durchhalten.

Im März 1980 besuchte ich ein Glaubensseminar und dort erfuhr ich: Ich bin von Gott gewollt, angenommen und geliebt. Das bedeutete für mich, dass ich eigentlich kein „Recht" mehr hatte, mich länger selbst abzulehnen, und das veränderte mich grundlegend. Ich hatte einen neuen Wert und eine neue Identität in Jesus gefunden. Über meinem Leben stand nun der Bibelvers: „Alle eure Sorge werft auf ihn; denn er sorgt für euch" (1. Petrus 5,7).

Ich konnte mich stets auf Gottes Hilfe und praktische Fürsorge verlassen, egal, ob ich schwierige Protokolle zu schreiben hatte, ob ich in meiner Funktion als Vertreterin im Dorfrat des Behindertendorfes mit dem Land verhandeln musste oder ob ich einfach praktische Hilfe brauchte. Schritt für Schritt führte Jesus mich in eine neue Freiheit. Ich lernte, dass er nicht meine Faulheit unterstützt, aber wenn ich das tue, was in meiner Macht steht, dann übernimmt er den Rest. Ich schaffte es sogar, in eine eigene Wohnung umzuziehen.

Aber sosehr ich auch hier leben wollte, erkannte ich doch bald, dass es ausgesprochen unbefriedigend ist, nur in der Wohnung zu sein; ich musste irgendetwas tun. Anfangs war ich in der Behindertenbewegung in Linz aktiv, zog mich aber dann zurück, weil es nicht meine Art ist, Verbesserungen für behinderte Menschen mithilfe der „Ellenbogentechnik" durchzusetzen. Es wuchs in mir der Wunsch nach einer christlichen Behindertenarbeit in Österreich. Nach einem Abend mit der behinderten Joni Eareckson bekam ich Kontakt mit dem sehbehinderten Pastor Max Eugster. Auch ihm war es ein Anliegen, dass behinderte Menschen Jesus kennenlernen und dadurch ihren Wert und ihren Sinn in Gott finden. Immer wieder beteten wir für eine Arbeit von behinderten Christen für behinderte Menschen. Wir führten in verschiedenen Gemeinden eine Umfrage durch und luden zu einem Treffen ein. Dort besprachen wir unsere Ziele, nannten uns fortan „Christ & Behinderung" und beschlossen, als Arbeitsforum unter der Evangelischen Allianz in Österreich zu arbeiten. Neben meinen Aktivitäten für „Christ & Behinderung" belegte ich dann noch einen eineinhalb Jahre dauernden Fernkurs für Journalistik.

Für mich war es ein Wunder, dass ich schon wenige Wochen nach dem Abschluss die ersten Aufträge bekam. Auf diese Weise bekam ich Kontakt zur politischen Behindertenarbeit in Oberösterreich, bewarb mich bei SLI (Selbstbestimmt-Leben-Initiative Linz) im Bereich Öffentlichkeitsarbeit und landete schließlich bei meiner jetzigen Arbeit im Projekt „Persönliche Assistenz", wo ich zunächst freiwillig mitarbeitete, bis man mich 2006 fest anstellte. Mein Traum von einem Beruf, den ich vor dreißig Jahren begraben hatte, wurde also doch noch wahr!

Seit 2006 erlaubt es mir auch das „Persönliche Budget", mehrere AssistentInnen auf geringfügiger Basis einzustellen, die mir zur Seite stehen. Jemand, der es nicht selbst erfahren hat, kann gar nicht ermessen, welche Freiheit, aber auch Eigenverantwortung ich durch diese Regelung erworben habe!

Ich weiß heute, dass es letztlich Gott ist, der mich so geführt hat und der mir zutraut, dass ich mit all dem gut umgehen kann!

Als ich mir Visitenkarten drucken ließ, entschied ich, darauf das Emblem des Schmetterlings abzubilden. Der Schmetterling ist zwar kein christliches Symbol, aber die Parallelen zu meinem eigenen Leben sind offensichtlich: Wenn er noch eine Raupe ist, frisst und wächst er nur, und obwohl er alles andere als ansehnlich ist, entwickelt er sich und kommt seiner Bestimmung näher. So war es auch bei mir in meiner Kindheit. Später spinnt sich die Raupe ein, zieht sich zurück und ist scheinbar nutzlos für die Welt. Auch diese Phase ist mir wohlbekannt. Eines Tages wird aber aus der in sich gefesselten Puppe ein wunderschöner Schmetterling, der frei ist und die Freiheit genießt. Diese innere Freiheit hat Jesus mir geschenkt und das darf ich immer wieder erleben.

So wie der bunte Schmetterling viele Menschen erfreut, möchte auch ich ein Freudenbote sein für diese Welt, und so wie er Blumen bestäubt, möchte ich auch meine Mitmenschen ermutigen.

Brigitte Moosbrugger, Leiterin von comPass – Bildungseinrichtung für Persönlichen Assistenz in Oberösterreich, Jahrgang 1957, Linz/Österreich, www.leben-als-geschenk.at

Früh vollendet

Er fiel mir bei einer der ersten Kinderbibelwochen auf, die wir in unserem neugebauten Gemeindezentrum in Nürnberg-Sündersbühl mit Erich Tzschoppe abhielten. Sein Gesicht wirkte irgendwie älter als das der gleichaltrigen Zwölfjährigen. Kurz darauf erfuhr ich dann von seinem Vater, dass Peter mit einem Herzfehler zur Welt gekommen war. Dies hielt ihn aber nicht davon ab, seine Begeisterung fürs Fußballspielen auch auszuleben; allerdings kam für ihn nur die Position des Torwartes infrage.

Zugleich hatte den Jungen offenbar auch ein Hunger nach Gott gepackt, vielleicht, weil er seit seinem sechsten Lebensjahr die Mutter entbehren musste. So nahm er die Einladung zur Kinderbibelwoche gern an und machte begeistert mit. Dabei lernte er auch die „Tassenbekehrung" kennen. Erich Tzschoppe hatte dazu eine Tasse verkehrt herum auf eine Untertasse gestellt. Die Kinder fanden schnell heraus: Diese Tasse ist eigentlich nutzlos, weil sie verkehrt herum steht. Brauchbar wird sie erst durch eine Umkehrung. Das schafft sie aber nicht selbst. Eine Kraft von außen muss sie „auf den Kopf stellen". Dann erst ist sie offen für das Licht und den Sinn ihres Daseins.

Nicht nur dieses Bild nahm Peter am Ende der Kinderbibelwoche mit, sondern später auch ein kleines grünes Neues Testament, das der Gideonbund in seiner Schulklasse verteilte.

Von da an war der Kontakt zwischen uns hergestellt und Peter besuchte immer wieder mit seiner älteren Schwester die Gottesdienste im Gemeindezentrum. Dann zwang ihn sein Herzfehler erneut zu einem Krankenhausaufenthalt. Er erhielt eine neue

Herzklappe – von einem Schwein. Fröhlich, wie er trotz allem war, verblüffte er seine Freunde und Klassenkameraden später einmal mit einem Schweinegrunzen. Als sie ihn fragten, was das solle, antwortete er: „Das kann ich jetzt auch."

Bei der nächsten Kinderbibelwoche war er wieder mit dabei. Doch dann blieb er weg, ohne dass wir den Grund dafür kannten.

Bei einem Besuch erfuhr ich von der Großmutter, die mit im Haus wohnte, dass Peter mit seinen jetzt vierzehn Jahren in die Klinik nach Erlangen eingeliefert worden war und dass es ihm gar nicht gut ging. In der Eile hatte er das grüne Neue Testament zu Hause vergessen, hatte aber seine Familie gebeten, es ihm unbedingt mitzubringen.

Einige Zeit später rief mich der Vater an: „Unser Peter ist gestorben!" Bei dem folgenden Gespräch erzählte der Vater auf meine Rückfragen bewegt: „Seit Peter das kleine Neue Testament las, veränderte sich sein Leben. Wissen Sie, Herr Pfarrer, nachdem meine Frau ausgezogen war, schliefen er und ich im selben Zimmer. Oft sagte ich ihm: ‚Mach doch jetzt dein Licht aus.' Dann antwortete er: ‚Ich muss noch meine Bibel lesen.' Oder er entgegnete: ‚Stör mich bitte nicht, ich muss noch beten.' Hatte vorher der 1. FCN die erste Stelle in seinem Leben, nahm Gott jetzt den ersten Platz ein. Das hat mich wirklich gewundert", so der Vater.

Ich bat darum, doch einmal einen Blick auf sein Neues Testament werfen zu dürfen. Die Großmutter, die am Gespräch teilnahm, holte es, und wir schlugen es auf. Ein alter Zettel lag darin, der früher einmal weiß gewesen war. Die Großmutter sagte entschuldigend: „Den wollte ich schon einmal wegwerfen. Da antwortete er: ‚Bitte lass ihn mir; sonst weiß ich nicht mehr, wie weit ich mit dem Lesen bin.' Solange er konnte, selbst als die Hand, die das Testament hielt, schon zitterte, las er darin."

Nun schauten wir nach, wo Peters Lesezeichen lag. Es befand sich im 4. Kapitel des 1. Thessalonicherbriefs. Dort heißt es unter anderem: „Wir wollen euch, liebe Brüder, nicht im Ungewissen lassen über die, die entschlafen sind, damit ihr nicht traurig seid wie die andern, die keine Hoffnung haben. Denn wenn wir glauben, dass Jesus gestorben und auferstanden ist, so wird Gott auch die, die entschlafen sind, durch Jesus mit ihm einherführen … und so werden wir beim Herrn sein allezeit. So tröstet euch mit diesen Worten untereinander."

Hans-Jörg Blomeyer, Pfarrer i. R., Jahrgang 1938, Ansbach

Er nannte sich Josef

Er passt einfach nicht in den feierlichen Rahmen. Seine Hände sind blau, geschwollen und zeigen Erfrierungen. Sie sind riesig, aber doch Hände, Menschenhände, die den Asphalt und den Rinnstein kennen, grob gefurcht wie rissiges Brot. Der Mann sitzt auf der Seitenbank an der Treppe, und er sitzt allein, obwohl die Menschen sich in den anderen Bänken zusammendrängen müssen und auch in den Gängen stehen. Zusammengerückt, als wollten sie sich schützen. Eine leere Bank und in der Mitte ein Mann, der anders ist. Der Mann riecht nach kaltem Rauch, Schweiß und billigem Rotwein. Seine zerlumpte Kleidung ist feucht und kalt.

Von der Kanzel kann man Wortfetzen vernehmen, hin und wieder auch ganze Sätze: „Friede auf Erden … der Heiland geboren … sie hatten keinen Raum in der Herberge …"

Der Mann brummelt vor sich hin, manchmal ist es mehr ein Knurren, dann wieder wie leises Weinen: „… saukalt … kein Essen heute … weiß nicht, wo ich übernachten soll …", gefolgt vom Rascheln seiner Plastiktüten und einem leisen Klirren von Flaschen.

Dann die Schlussworte des Pfarrers: „Der Herr segne euch und behüte euch … er lasse sein Angesicht …"

Dazwischen: „… ich weiß nicht, wo ich übernachten soll …"

Und vom Altar: „… er erhebe sein Angesicht auf euch und …"

„… mir ist so kalt …"

Die Menschen strömen zum Ausgang. „Fröhliche Weihnachten … Frohes Fest … Gesegnete Weihnachten!"

„Mir ist so kalt …" Der Mann steht draußen vor der Tür, in seine gekrümmten Hände fallen Münzen, meist kleine Münzen – und einmal raschelt es auch, als Frau Dr. Meier vorübergeht. Die fröhlichen Gesichter sind plötzlich leer, erstarrt, hilflos, und das Lächeln gleicht dem von geschnitzten Masken.

Ich stehe etwas abseits an der Treppe und warte auf meine Frau. Der Mann murmelt erneut: „… ich weiß nicht, wo ich übernachten soll!" Die Menschen rufen sich lachend „Frohe Weihnachten!" zu und drücken sich an dem Mann vorbei. Dazwischen hört man einige Stimmen sagen: „Warum gehst du nicht zur Obdachlosenhilfe, zur Caritas, zum Pfarrer?"

„War ich schon, aber heute ist Weihnachten …"

Da kommt meine Frau mit unseren beiden Töchtern, die zehn und elf Jahre alt sind: „Papa, da bist du ja! Wir haben dich gesucht. Schau, da ist der Mann aus der Kirche. Er weiß nicht, wo er übernachten soll. Er hat schon alles versucht."

Da höre ich, wie meine Frau sagt: „Kommen Sie doch mit zu uns. Irgendwie werden wir Sie schon unterbringen."

Ich will noch einwenden: „Das geht doch nicht!", aber meine Frau hat schon seine Plastiktüten in der Hand.

Das geht wirklich nicht. Unsere Wohnung ist für so etwas doch viel zu klein. Dieser wildfremde, in Lumpen gehüllte Mann, unsere beiden halbwüchsigen Töchter …, denke ich noch, als meine Frau den Fremden auch schon am Arm ergreift.

Wir zwängen uns in unseren VW Käfer. Ich kurbele das Fenster herunter – Frischluft tut not –, auch wenn es eiskalt ist. Dann sind wir zu Hause. In der Küche beherrscht der Mann mit seiner Fülle den Raum. Unsere Kinder verfolgen jede seiner Bewegungen mit großen, staunenden Augen. Er schält sich aus seinen Lumpen: ein Mantel, noch ein Mantel, dann ein Pullover, noch eine Jacke … Was er braucht, trägt er am Körper. Dann befreit er seine Füße von den Fußlappen. Meine Frau füllt eine große Schüssel mit heißem Wasser. Der Mann genießt das Fußbad sichtlich mit tiefem Schnaufen, fast hört es sich wie ein Grunzen an. Seine geschundenen Füße scheinen aufzuatmen. Das Frostblau wechselt in ein tiefes Rot über. Der Mann lehnt sich zurück und lächelt.

Jetzt feiern wir Weihnachten. Ich lese die Weihnachtsgeschichte vor: von den Hirten auf dem Felde, die von ihren Herden zum Stall eilen und das Kind in der Krippe finden, den Heiland, wie ihnen der Engel gesagt hatte. Dann singen wir „O du fröhliche, o du selige, gnadenbringende Weihnachtszeit". Ich sage Gott ein Dankeschön für das Wunder der Heiligen Nacht und für den Mann, der an diesem Abend bei uns zu Gast ist.

Beim Essen macht sich der Mann über die dampfenden Pellkartoffeln und den Heringstopf her. Unsere beiden Mädchen vergessen fast zu essen und bekommen runde Augen. Der Mann leert beinahe allein die Schüsseln. Es macht Freude, ihm zuzusehen. Er seufzt tief und zufrieden. Wie schön kann doch so ein zerfurchtes, bartstoppeliges, altes Gesicht sein! Dann kramt er aus seiner Tasche ein zerknittertes Marienbild und gibt es uns: „Ich Ungar, ich auch christlich. Danke! Ich Josef heiße!" Er steht auf. „Ich jetzt gehen muss."

Nach langem Herumtelefonieren bringe ich Josef schließlich nach Regensburg, wo ich für ihn einen Schlafplatz in einem Obdachlosenheim finden konnte. Spät komme ich zu meiner Familie zurück – O du fröhliche, o du selige, gnadenbringende Weihnachtszeit.

Hans-Helmut Kürzdörfer, Forstdirektor a. D., Jahrgang 1934, Ihrlerstein

Bekenntnis an einem Sterbebett

Als ich als Assistenzärztin in einer Klinik arbeitete, wurde ich Zeuge eines Ereignisses, das zugleich tragisch und tröstlich war. Bei einem dreizehnjährigen Mädchen hatte man einen inoperablen Hirntumor diagnostiziert. Inzwischen konnte die Kleine bereits nicht mehr schlucken, sprechen und musste beatmet werden. Allmählich verlor sie zunehmend das Bewusstsein, befand sich aber noch in einem schlafähnlichen Zustand.

Das Mädchen war ein Einzelkind, und ihre Eltern waren schon etwas älter, als es auf die Welt kam. Einige Wochen bevor man die Krankheit diagnostiziert hatte, hatte die Kleine auf einer Konfirmandenfreizeit erfahren, dass der Glaube ein Geschenk ist, das Gott uns ohne Bedingungen geben möchte – und es hatte dieses Geschenk angekommen.

Am Ostermorgen hatte ich Dienst auf meiner Station und wie immer hatte ich auch mein kleines Neues Testament dabei. Ich las Mutter und Tochter den Predigttext für diesen Tag vor, der im 8. Kapitel des Römerbriefes stand – ein langer, schwieriger Bibelabschnitt.

Als ich Vers 35 vorlas – „… wer will uns scheiden von der Liebe Christi?" –, hauchte das Mädchen deutlich hörbar: „Nichts!"

Wenig später starb das Mädchen.

Dr. med. Waltraud Güntsch, Nervenärztin / Psychotherapie, Jahrgang 1941, Puschendorf

Licht am Ende des Tunnels

Ich gehe ein Stück in den Tunnel hinein. Nach der ersten Kurve bin ich von völliger Dunkelheit umgeben und kann weder Eingang noch Ausgang erkennen. In diesem langen Tunnel in den Schweizer Bergen gibt es keine Beleuchtung, nur schwarze, undurchdringliche Finsternis. Diese äußere Situation spiegelt meine innere wider. Auch im Tunnel meiner Angst herrscht tiefe Dunkelheit. Im Schweizer Tunnel war ich damals nicht allein. Meine Frau und zwei unserer noch kleinen Töchter waren in meiner Nähe. Je dunkler es wurde, umso näher kamen wir uns. Eine Tochter saß auf meiner Schulter, die andere klammerte sich an eine meiner Hände, meine Frau an die andere. In meiner Nähe fühlten sie sich sicher.

Gern würde ich jetzt auch die Nähe Gottes spüren. Aber da ist nichts als das undurchdringliche Dunkel. Von der Nähe meines himmlischen Vaters spüre ich nichts. Ich nehme um mich herum nur tiefe, schwarze Nacht wahr. Ich bin mir nicht einmal sicher, ob dieser Tunnel der Angst überhaupt einen Ausgang hat. Im Gegenteil, wird es nicht von Schritt zu Schritt noch finsterer? Wo ist er denn jetzt, mein Gott? Hat er mich vergessen? Oder habe ich mich so schuldig gemacht, dass er sich von mir abgewandt hat?

Damals im Schweizer Tunnel sind wir tapfer weitergegangen und irgendwann sahen wir einen ganz kleinen hellen Punkt. War das die Öffnung der anderen Seite? Ganz langsam wurde der Punkt größer, und wir erkannten, dass es wirklich der Ausgang war.

Aber gibt es diesen hellen Punkt auch im Tunnel meiner Angst? Es wird nicht dunkel bleiben … Ein ganz schwacher Hoffnungsschimmer erreicht mich mit dieser Zusage Gottes. Ich bin ein Prediger des Evangeliums, einer, der die Gute Nachricht verkündigt. Die Botschaft von der Rettung und der Freude über Gottes Rettungstat. Kann ich das überhaupt noch sein? Sollte ich jetzt nicht meinen Beruf an den Nagel hängen und meine Berufung infrage stellen? So kann es auf Dauer jedenfalls nicht weitergehen. Viele drängende Fragen und keine Antworten. Immer wieder die aufkommende Angst und die Angst vor der Angst. Der Schweiß tritt aus allen Poren, innere Unruhe hält die Angst ständig wach. Wird das je wieder anders werden? Wie lange kann ich das wohl noch aushalten?

Und wie ist das mit den Zusagen Gottes? Gelten sie auch mir? „Es wird nicht dunkel bleiben über denen, die in Angst sind." Gott sagt dies seinem Volk Israel zu – gilt es aber vielleicht auch mir? Darf ich diese Zusage auf mich in meiner Angst beziehen? Ja, ich darf. Aber wann, Vater? Wann wird es endlich hell im Tunnel meiner Angst? Warum habe ich das Gefühl, dass sich gar nichts tut?

War da nicht gerade ein schwaches Licht? Oder halten mich meine angespannten Nerven zum Narren? So kann es nicht weitergehen. Gott, nimm mich bitte aus meiner Gemeindearbeit. Ich kann nicht mehr dein Prediger sein, so nicht. In diese Situation hinein schlage ich im Buch Jeremia „zufällig" den Vers „… du sollst mein Prediger bleiben" auf.

Wenn du das ernst meinst, Gott, musst du mich hier rausholen, raus aus dem Tunnel der Angst. Erneut versuchen meine Augen, die Dunkelheit zu durchdringen. Da ist wirklich ein kleiner, heller Punkt. Ganz, ganz langsam, wird er ein wenig größer. Kaum wahrnehmbar. Oder wird er doch wieder kleiner? Hält Gott mich ständig zum Narren? „Es soll nicht dunkel bleiben über denen, die in Angst sind“ und: „… du sollst mein Prediger bleiben“. Jetzt erkenne ich es deutlich: Der Lichtpunkt wird größer. Ganz langsam wird es ein wenig heller. Immer noch Angst vor der Angst, immer noch die Panik im Nacken, aber ein wenig heller.

Es gehen Wochen, Monate, Jahre ins Land – ich übertreibe nicht –, bis ich aus dem Tunnel treten kann. Sehr spät, aber nicht zu spät, während dieser Zeit dann eine Therapie. Später eine Weiterbildung in beratender Seelsorge, in der es um meine Angst geht. War das nun Zufall? Nein, sondern ein unerwartetes Geschenk. Der Spaziergang mit dem Referenten, viel Verständnis, das helfende Wort, der gute Rat, die Empfehlung des guten Fachbuches. Endlich komme ich meiner Angst auf die Spur. Sie bleibt nicht mehr im Unbestimmten stecken. Tut das gut!

„Es wird nicht dunkel bleiben über denen, die in Angst sind“ – wirklich nicht. Gott sei Dank! Nein, ich lebe heute nicht ohne Angst, aber ich habe den Tunnel verlassen. Und rückblickend erkenne ich, dass Gott immer da war. Ich bin sein Prediger geblieben, aber meine Predigten sind anders geworden. Ich bin sein Prediger geblieben, wenn auch mit anderen Aufgaben an einer anderen Stelle – ein großes Geschenk Gottes. Heute kann ich „Danke, Vater“ sagen. Danke für einen neuen Weg. Danke für die andere Arbeitsstelle, die mir so guttut. Danke!

Eberhard Adam, leitender CVJM-Sekretär, Jahrgang 1953, Wetzlar, www.cvjm-kreisverband-wetzlar.de

Vergeben ja, vergessen nie!

„Mach weiter!“, bittet mich Dorothea, als ich ihr sanft über den Kopf streichle. Es ist das Einzige, wozu ich in diesem Augenblick in der Lage bin. Mein Herz, mein ganzer Körper schmerzt. Meine Hilflosigkeit lässt sich nicht in Worte fassen. Ich kann kaum sprechen – zu sehr erschüttert mich der Anblick meiner Schwester. Als ich später das Krankenzimmer verlasse, bin auch ich nur noch ein Schatten meiner selbst – innerlich vollkommen leer und ausgebrannt.

Dorothea ist vom Hals an abwärts gelähmt. Bereits ein halbes Jahr lang hat sie auf der Intensivstation einer Spezialklinik gelegen, musste künstlich beatmet und ernährt werden. Die Medikamente und ein starker Gewichtsverlust haben sichtbare Spuren in dem einst so hübschen Gesicht der Zweiundzwanzigjährigen hinterlassen. Der Kehlkopf war mehrfach gebrochen; Sprechen und Atmen muss sie daher erst wieder neu lernen. Sie gibt sich große Mühe dabei, denn Reden ist das Einzige, das sie noch kann.

Ihre Lähmung und die übrigen Verletzungen sind die Folge des brutalen Überfalls, dem die früher so lebenslustige junge Frau und Mutter zum Opfer gefallen ist.

Es ist der 13. Januar 1985. Nach einer Party bestellt Dorothea gegen sechs Uhr morgens ein Taxi. Sie möchte zu Hause sein, bevor ihre zweijährige Tochter aufwacht. Das Taxi lässt jedoch auf sich warten, und so beschließt Dorothea, zu Fuß nach Hause zu gehen. In der Nähe einer Tankstelle in ihrem Heimatort Ahlen nähert sich ihr plötzlich ein Unbekannter. Er packt sie von hinten am Hals. Das Letzte, woran sie sich erinnern kann, ist, dass ihr Kopf ruckartig und brutal nach hinten gerissen wird. Dann verliert sie das Bewusstsein. Gegen 8:30 Uhr entdeckt eine Fußgängerin dann ihren leicht bekleideten, leblosen Körper wenige Meter von der Tankstelle entfernt. Bei minus 15 Grad hat der Täter sein ohnmächtiges Opfer in das Gebüsch gezerrt und einfach liegen gelassen. Nur eine halbe Stunde länger, und Dorothea wäre erfroren.

Ich bin gerade in unserem Elternhaus zu Gast, als wir von der Tat erfahren. Die Familie ist erschüttert. Im familiären Kreis wollen wir dort den Geburtstag meines Bruders feiern, doch der Platz von Dorothea bleibt leer. Ich kann nicht glauben, was passiert ist: ein unvorstellbar brutales Verbrechen. Keine Zeugen, kein Täter, und meine Schwester ringt mit dem Tod.

Als ich am Abend mit dem Krankenhaus telefoniere, erleidet Dorothea während des Gesprächs einen Herzstillstand. Zwei Tage später erfahre ich davon, dass meine Schwester querschnittsgelähmt ist. Der Schmerz darüber ist für mich nicht in Worte zu fassen. Ich leide körperlich und seelisch. In meinem Kopf hämmert nur eine Frage: „Warum? Gott, warum?“

Das Verbrechen an Dorothea wirft meine Mutter völlig aus der Bahn. Sechs Jahre zuvor ist bereits mein Vater gestorben, jetzt ist sie am Ende ihrer Kraft angelangt. Die Nächte ohne Schlaf, die großen Sorgen und das enorme Interesse der Öffentlichkeit an dem Fall zehren an ihren Nerven. Die Neugier und die reißerischen Berichte der Medien sind eine vollkommen andere Welt als die des Krankenzimmers, wo nur der Schmerz regiert.

Dorotheas zweijährige Tochter versteht nicht wirklich, was mit ihrer Mutter geschehen ist. Mit weit ausgebreiteten Armen läuft die Kleine auf das Krankenbett ihrer Mutter zu. Ein kurzes Lächeln huscht über Dorotheas Gesicht. Wie gern würde sie ihr Mädchen in den Arm nehmen und eine Berührung von ihr spüren können. Tränen laufen ihr die Wangen hinunter. Für beide Seiten wird diese tagtägliche Erfahrung im Krankenzimmer zu einer seelisch und körperlich extrem anstrengenden Belastung. Dorothea quält sich mit dem grausamen Schmerz herum, ihre Tochter nie wieder streicheln oder mit ihr spielen zu können. Die unzähligen Besuche im Krankenzimmer und viele ehrliche, harte Gespräche hinterlassen Spuren in unserem Inneren. Ja, auch bei mir. Ein einziges Warten, Hoffen, Zweifeln. Situationen, die ich keinem Menschen wünsche. Und immer wieder die Frage nach dem Warum und die Gedanken an den unbekannten Täter.

Nein, ich fordere keine Rache. Es ist nur die elende Wut und Ohnmacht und die Angst davor, den Täter zu kennen. Wie würde ich reagieren, wenn ich ihm jemals bei einer Gerichtsverhandlung Auge in Auge gegenüberstehen würde? Ich will nur Gerechtigkeit und dass er seine Strafe bekommt, damit er kein Unheil mehr anrichten kann. Bei einem Besuch auf der Intensivstation sagt Dorothea einmal zu mir: „Ich habe dem Täter vergeben." Ich kann diese Haltung fast nicht nachvollziehen. Wie kann sie inmitten all der lebenserhaltenden medizinischen Apparate dem Mann vergeben, der ihr gesamtes Leben zerstört hat?

Und vor allem: Wie gelingt ihr dies, obwohl sie ihren eigenen Weg abseits des christlichen Elternhauses gegangen ist und ihrer ehemaligen Glaubensentscheidung – zumindest nach außen hin – nicht treu geblieben ist? Ich kann in diesem Moment nicht vergeben, und das, obwohl ich schon seit Langem Christ bin.

Eines Tages stellt mich eine Bitte von Dorothea vor eine Gewissensentscheidung. Sie möchte sterben und ich soll ihr dabei helfen. Einerseits muss ich ihr zustimmen, dass ihr Leben für sie nicht mehr viel Lebenswertes besitzt, aber ich lehne ab, ihr beim Selbstmord zu helfen. Die Entscheidung fällt mir jedoch nicht leicht.

Nach der Entlassung aus dem Krankenhaus kommt sie in ein Pflegeheim. Dort beginnt sie mehr und mehr, mit ihrem Leben abzuschließen. Sie trifft alle Vorkehrungen für eine Trauerfeier und lässt alle persönlichen Gegenstände unserer Mutter zukommen. Zugleich fängt sie an, innerlich mit ihrem Schöpfer zu ringen. Sie hat Angst, bei einem Selbstmord nicht in den Himmel zu kommen. Fragen über Fragen beschäftigen sie. Sie betet und liest in der Bibel. Von ihrem Seelsorger verabschiedet sie sich in diesen Tagen einmal mit den Worten: „Wir sehen uns heute zum letzten Mal."

Und doch bleibt sie am Leben. In der inneren Krise entwickelt sie plötzlich eine ganz neue Sicht der Dinge. In der schmerzhaften Auseinandersetzung mit Gott, sich selbst und der neuen Situation findet sie ein inneres „Ja" zum Leben. Dorothea fasst ganz neu Vertrauen zu Jesus. Doch bevor ihr Wunsch, „zu Gott zu kommen", erfüllt wird, will Dorothea im Mai 1988 ein letztes Mal Urlaub machen. Überraschend darf sie mit einer Pflegerin nach Italien. Dort bricht sie dann nach nur drei Tagen zusammen, fällt ins Koma und muss zurück nach Deutschland geflogen werden.

Am 1. Juni erliegt sie in der Uni-Klinik Hannover einer Lungenentzündung und multiplem Organversagen. Meine Trauer ist unendlich. Gleichzeitig finde ich Trost darin, dass meine Schwester vom Leiden erlöst ist. Noch heute steigen der Schmerz und die Erinnerung in mir hoch, wenn ich in den Nachrichten von anderen Verbrechen höre. In der langen schweren Zeit war mir besonders meine Frau Hiltrud Trost und Stütze. Ohne sie, ohne die vielen Gespräche – auch mit engen Freunden – und vor allem meinen Glauben hätte ich diese Zeit nicht überstanden.

Wir haben in der Folgezeit aufgrund unserer Erfahrung elf Jahre für den „Weißen Ring", der Hilfsorganisation für Verbrechensopfer, gearbeitet. Durch das eigene Erleben konnten wir vielen Opfern helfen – auch wenn bei uns selbst noch viele Fragen offen waren. Das Verbrechen an Dorothea blieb bis heute ungeklärt. Vom Täter fehlt weiterhin jegliche Spur.

Und der Schmerz ist noch immer unser täglicher Begleiter. Dorotheas Leben und vor allem ihre Bereitschaft, dem Täter zu vergeben, haben mich sehr beeindruckt. Unsere Mutter hat Dorotheas Tochter liebevoll bei sich aufgenommen. Ich selbst durfte in dieser Zeit charakterlich und im Glauben wachsen. Ich habe gelernt, nur auf Gott zu vertrauen, denn Menschen haben oft keine Antwort. Dorotheas Vorbild hat auch bei mir über die Jahre die Bereitschaft geweckt, dem Täter zu vergeben. Vergessen kann ich das Geschehene nie, aber vergeben habe ich jetzt ganz bewusst.

Matthias Thon, Online-Buchhändler, Jahrgang 1958, Ahlen, www.thon-buch.de

Der Bär, der Frosch und Onkel Jesus

Eine sehr alte Ärztin, die in der Kinderabteilung wahrscheinlich schon eine Legende war, lud uns in die Praxis ein. Sie tastete meinen Bauch ab und sagte zu meiner Mutter: „Wissen Sie, ich würde ihn am liebsten hierbehalten!“ Ich freute mich über diese Worte! Warum meine Mutter dabei allerdings zu weinen begann, konnte ich gar nicht verstehen. Da ich damals erst acht Jahre war, dachte ich, die alte Frau findet mich so toll, dass sie mich gern für sich selbst behalten würde. Erst viel später, als bereits die zweite Operation vor der Tür stand, verstand ich, dass „hierbehalten“ bedeutete, ich würde noch mindestens zehn Tage im Krankenhaus bleiben und eine weitere Operation über mich ergehen lassen müssen. Schon als ich den Pyjama mit den Pünktchen anzog, der viel zu kurz war, wollte ich am liebsten wieder nach Hause.

Eines Tages wurde ein siebenjähriger Junge mein neuer Bettnachbar. Er hatte schwarze, lockige Haare, und ich dachte, das käme daher, dass er sie aufwickelte. Man kann ja nie wissen. Heutzutage laufen sehr viele merkwürdige Leute herum, und ich dachte, er wäre einer von diesen merkwürdigen Menschen. Meine Tante hatte auch Lockenwickler, und bei jeder passenden Gelegenheit nahm ich ihr einen weg und versuchte, mir damit die Haare aufzuwickeln, um auf diese Weise festzustellen, ob mir eine solche Frisur stand. Es gelang mir aber nie.

Mit Jure, so hieß mein neuer Bettnachbar, freundete ich mich schnell an. Noch heute glaube ich, dass es an der Suppe und an dem Tee lag. Ich weiß nicht genau, was für eine Suppe das war, aber es kam mir irgendwie so vor, als ob Frösche darin schwimmen würden. Damals mochte ich überhaupt keine Suppen. Deshalb wurde ich von meinem neuen Freund „Frosch“ genannt. Da er aber wiederum vor allen Krankenschwestern ständig aus vollem Halse schrie, sogar brüllte, nannte ich ihn „Bär“. So gab es im Krankenhaus nun also einen Frosch und einen Bären. Und wir waren ein wirklich gutes Team!

In dieser Zeit spielten wir auch oft das „Warenwechselspiel“: Er gab mir sein Buch und ich ihm mein Spielzeug, und damit waren wir dann beide glücklich. Ich bekam wieder ein neues Buch, er wieder ein neues Spielzeug. Aus seinem Buch, das jetzt mir gehörte, schnitten wir die Bilder aus, ließen aber den Text darin, damit ich ihm vorlesen konnte.

Weil wir oft sehr laut waren, schimpfte *sie* mit uns und sagte, wir seien schließlich nicht die einzigen Kranken hier im Haus. Sie, das war die grantige Oberschwester, vor der wir ganz besonders Angst hatten.

Aber die Tage im Krankenhaus waren nicht immer so schön. Besonders dann nicht, als die zehn Halbliterflaschen mit Infusionen für Jure gebracht wurden. Zytostatika (Medizin, die das Zellwachstum bzw. die Zellteilung hemmt) flossen mehrere Stunden in seine Adern, ohne dass er sich dabei überhaupt bewegen konnte. Während er mit einer Infusion ans Bett gefesselt war, las ich ihm dann das Märchen vom „Wolf und den sieben Geißlein“ vor. Aber die Nebenwirkungen der Medikamente waren sehr schlimm. Jedes Mal, wenn er sich übergeben musste, hatte er keine Lust mehr zum Spielen oder zum Lachen. Und ich ebenfalls nicht. Manchmal sagte er dann mit einem schwachen Lächeln: „Hey, ich übergebe mich wie ein Reiher.“ Am Schlimmsten war es, wenn er sich im halbwachen Zustand übergeben musste.

Die erste und stärkste Runde der Chemotherapie dauerte die ganze Woche. Als er langsam wieder essen konnte, befasste er sich meistens mit dem Schälen eines hart gekochten Eis und damit, Pflaumenmarmelade aufs Brot zu schmieren. Er wollte nicht, dass das jemand anderer tat, weil er ganz glücklich war, wenn er es allein schaffte.

„Hey, Frosch, ich habe das Ei ganz allein geschält!", rief er mir zu und ich klatschte. Eine so große Freude muss man schließlich teilen!

Eines Tages teilte ein Arzt uns nach dem Frühstück mit, dass man uns am nächsten Tag operieren würde. In dieser Nacht konnten wir beide nicht schlafen. Wir wälzten uns im Bett hin und her, gerieten in Panik und fingen schließlich an, so laut zu schreien, dass die Krankenschwestern ins Zimmer kamen. Im Morgengrauen bereiteten sie uns dann auf die Operation vor. Wir bekamen keinen Tee, sondern ein Beruhigungsmittel, lagen in unseren Betten und warteten, damit man uns abholte. Dann erschien die dicke Krankenschwester und sagte: „Los!" Auch die Krankenschwestern der Abteilung kamen zu uns und meinten: „Hals- und Beinbruch!" Ich denke, auch Jure verstand nicht, was sie uns damit sagen wollten. Hals- und Beinbruch? Warum sollten sie uns so etwas wünschen – und vor allem: Wie sollten wir das anstellen? Wir klammerten uns doch panisch an unseren Betten fest!

Dann schob man uns zu dem kleinen Operationssaal, doch auf dem Weg passierte etwas Ungewöhnliches. An den Wänden der langen Gänge hingen eine Reihe von Gemälden. Damals verstand ich noch nicht, was die Bilder zu bedeuten hatten. Ich dachte, dass viele davon von Kindern stammten. Schließlich war ich überzeugt, dass auch mein damals zweijähriges Schwesterherz eine große Malerin sei. Auf manchen dieser Bilder konnte man

Menschen sehen. Fast alle hatten Bärte und waren alt. Das Letzte war am interessantesten: Die gemalte Gestalt war ganz blutig, hatte den Kopf gesenkt, und man konnte daraus schlussfolgern, dass diese Person sehr litt.

„Wer ist denn dieser Onkel?", fragte Jure überraschend.

Die dicke Krankenschwester, die uns auf einmal viel freundlicher erschien, antwortete ihm: „Das ist Gott."

„Das ist unmöglich. Gott kann nicht so aussehen. Wenn das Gott wäre, würde er schön aussehen, und er würde lächeln. Der da sieht aber nicht so aus!", gab Jure etwas unwillig zurück.

„Zu welchem würdest du denn jetzt, wo du krank bist, lieber gehen?", wollte die Krankenschwester daraufhin wissen. „Zu dem, der lächelt und fröhlich ist, oder dem, der leidet?"

Und Jure, der brüllende Bär, erwiderte: „Zu diesem Onkel!", und er deutete auf Jesus.

„Genau. Und er will dir sagen, dass er bei dir ist", sagte sie leise zu ihm und schob ihn weiter in den Operationssaal.

„Dann ist es in Ordnung!", antwortete er und wir alle lachten.

Zwei Wochen später wurden wir aus dem Krankenhaus entlassen.

Jesus nannten wir von da an „Onkel Jesus". Und ich denke, dass es ihm sogar gefiel, denn er hat Kinder gern. Auch heute, als erwachsene Menschen, begleitet uns diese Gestalt noch. Obwohl sein Kopf auf dem Gemälde ein bisschen gesenkt war, hielt er seine Augen geöffnet und schaute uns an. Heute wissen wir beide, wie viel Schmerz und Leid es auf dieser Welt gibt und dass die Menschen viele Fehler machen. Dieser mit in warmen orangenen Pinselstrichen gemalte angenagelte Körper war so ausdrucksvoll dargestellt, dass uns seine Gestalt mit all ihrer Nähe und Menschlichkeit berührte und zu jedem von uns sprach: „Nur keine Angst, denn ich bin bei dir!" Die Krankheit und die damit verbundenen Schmerzen sind heute nicht weg, aber mit uns beiden, dem Frosch und dem Bären, bleibt seine uneingeschränkte Liebe.

Simon Emri (+), Jahrgang 1983, Student, Peèarovci (Slowenien)

Inzwischen mussten wir von Simon Emri Abschied nehmen. Mit dieser Geschichte bleibt er uns in liebevoller Erinnerung!

Weihnachten in der Wüste

Es ist schon einige Jahre her. Und zugegebenermaßen war es das außergewöhnlichste Weihnachtsfest, das wir je erlebt haben: Weihnachten in der Wüste.

In den letzten Jahren hat sich bei uns eine richtige Weihnachtsroutine herausgebildet. Am Heiligen Abend, nachdem der Weihnachtsbaum endlich gekauft und geschmückt ist, laden wir nach dem Nachmittagsgottesdienst immer Leute bei uns ein. Meist sind es um die zwanzig Personen, die mit uns feiern – Singles, junge Ehepaare und oft auch ausländische Studenten, die über die Feiertage nicht in ihre Heimat fahren können. Oft sind Studenten aus Afrika und den Vereinigten Staaten dabei. In einem Jahr hatten wir vier chinesische Austauschprofessoren zu Besuch, ein anderes Mal Türken, Franzosen und Australier. Immer wieder laden wir auch an Heiligabend selbst noch Leute ein, die wir auf der Straße treffen und die sonst nirgendwo den Heiligen Abend feiern würden. Manche Freunde aus Marburg und Umgebung kommen jedes Jahr, weil es ihnen so gut gefällt.

Nach der Begrüßung und einer Vorstellung aller Gäste singen wir unzählige Weihnachtslieder und lesen die Weihnachtsgeschichte in verschiedenen Sprachen. Dann geht es weiter mit gutem und ausführlichem Essen, zu dem viele beigetragen haben. Dann folgen noch mehr Lieder und schließlich die Bescherung. Dann werden die Spiele ausgepackt und ein wahres Spielfieber ergreift uns. Doch halt, da ist ja noch die Christmette um elf Uhr, bei der sich viele Freunde aus der Gemeinde versammeln, um

Gott zu loben und das Wunder der Weihnacht zu feiern. Manche von ihnen lassen sich dann noch zu uns nach Hause einladen und wir feiern und spielen bis in die frühen Morgenstunden. So feiern wir seit vielen Jahren mit Begeisterung Weihnachten.

Nach dem Aufräumen und einem ausgiebigen Schlaf findet dann am ersten Weihnachtstag der zweite Teil unserer Weihnachtsroutine statt. Und die besteht aus Verwandtenbesuchen. Keiner darf vergessen werden und so machen wir die große Verwandtenrunde am ersten und zweiten Weihnachtstag. Viele Kilometer, viel Essen und viele Geschenke müssen noch bewältigt werden. Wenn wir dann wieder zu Hause sind, ist Weihnachten immer noch nicht vorbei. Denn jetzt laden wir alle erwachsenen „Kinder" unserer Lebensgemeinschaft, die inzwischen in der ganzen Welt verstreut sind, zu uns zu einem festlichen Abend ein. Sie kommen aus England, Schweden, Frankreich, Südafrika und allen möglichen Orten in Deutschland, um einander zu begegnen und zu erzählen, wie es ihnen im letzten Jahr ergangen ist.

Das ist unsere Weihnachtsroutine, mit leichten Veränderungen Jahr für Jahr gleich und jedes Mal ein Höhepunkt des Jahres.

Doch in diesem Jahr, von dem ich erzählen will, war alles anders. Elke und ich hatten beschlossen, schon im Dezember in den Sudan zu fahren, das Land, in dem ich seit vielen Jahren Sprachforschungen betreibe. Im muslimisch geprägten Norden des Landes ist von Weihnachtsstimmung kaum etwas zu spüren. Schon das Wetter ist ganz anders als das, was wir hier in Mitteleuropa mit Weihnachten verbinden. Strahlende Sonne und Temperaturen von zwanzig bis dreißig Grad statt dunkler Abende und Schneeflocken. Statt den vertrauten Klängen der Weihnachtslieder erfüllt der Ruf des Muezzin von den Moscheen die Luft. Nichts erinnert daran, dass die Christenheit sich anschickt, das Fest des Erlösers zu feiern.

Dieses Mal wollten wir das hohe Fest also dort feiern, in der Wüste im Nordsudan. Seit vielen Jahren lebten dort deutsche Krankenschwestern, die von der Evangeliumsgemeinschaft Mittlerer Osten ausgesandt waren, einer Mission, die schon über hundert Jahre den Menschen in dieser Gegend medizinische und geistliche Hilfe zukommen lässt. Wir waren schon von Khartum, der Hauptstadt des Landes, nach Dongola, der Hauptstadt der Nordprovinz, gefahren. Dongola war damals noch ein kleiner Ort am Rande der Wüste mit insgesamt nur zwei Asphaltstraßen. Auch dort wohnten und lebten zwei deutsche Krankenschwestern, Ursula und Gertrud, die einzigen Ausländer in dieser kleinen Stadt zwischen Nil und Wüste. Doch wir wollten noch weiter in den Norden. Abri, ein kleines Dorf mit einem kleinen Krankenhaus, mitten in die Wüste gebaut, war unser Ziel. Dort lebten und arbeiteten zwei weitere Krankenschwestern, Margarete und Barbara. Der Weg zwischen Dongola und Abri ist eigentlich nicht weit, ungefähr zweihundert Kilometer. Aber so, ohne Straße, auf selbst gesuchten Wegen durch die Wüste, mussten wir mit einer vollen Tagesreise rechnen. Außerdem gab es längst nicht an jedem Tag der Woche eine Reisemöglichkeit. Das einzige Transportmittel waren die alten, massiven Lastwagen, die mit ihren dicken Reifen in der Lage waren, über Stock und Stein, über Sandpisten und Dünen, über felsige Wegstrecken und Schotterpisten zu fahren. Schließlich fanden wir einen solchen Lastwagen, der durch die Wüste nach Norden fahren wollte.

Zuerst mussten wir über den Nil übersetzen. Brücken gab es nicht, und die alten Fähren, die in der Lage waren, einen Lastwagen auf das andere Ufer hinüberzubringen, konnten nur bei

Windstille fahren, da sonst die Wellen das Schiff zum Kentern bringen konnten. Die Fähre war auch der Grund, warum wir jetzt erst fuhren, am Tag vor Heiligabend. Der Lastwagen wollte nämlich schon zwei Tage vorher fahren. Doch am ersten Tag war die Fähre kaputt und wir mussten unverrichteter Dinge wieder zu Gertrud und Ursula zurückkehren. Am zweiten Tag war die Fähre zwar repariert, aber der Wind und die Wellen auf dem Nil waren zu stark. Erst am dritten Tag gelang es dem Lastwagen, auf das Ostufer überzusetzen. Es war schon um die Mittagszeit, als wir schließlich Richtung Norden fuhren. Hoch oben auf der offenen Ladefläche des Lastwagens saßen wir, oben auf der Ladung, zusammen mit vielen Sudanesen, die ebenfalls in die Dörfer im Norden fuhren. Das Ganze war sowieso etwas gewagt, weil wir nicht wussten, ob wir überhaupt noch am nächsten Tag, an Heiligabend, in Abri ankommen würden. Denn schließlich fuhr dieser Wagen nur bis Kerma, etwa ein Drittel der Wegstrecke. Dort hofften wir, einen anderen Wagen zu finden. Als wir in Kerma ankamen, war es schon dunkel. Von einem anderen Lastwagen weit und breit keine Spur. So mussten wir uns wohl oder übel in die kleine Herberge begeben, ein offener Hof, umgeben von ein paar Lehmmauern. Weil wir ausländische Gäste waren, bekamen wir den einzigen Raum angewiesen, ein offenes Zimmer mit Lehmwänden und Strohdach, und durften sogar auf echten Holzbetten schlafen. Noch hatten wir die Hoffnung, dass ein anderer Lastwagen vorbeikommen würde, der uns weiter nach Norden mitnehmen würde, pünktlich zum Heiligen Abend in Abri.

Um Mitternacht gab es auf einmal Lärm und Rufe. Wir wurden geweckt: „Los, los, da ist ein Wagen, mit dem ihr fahren könnt!" Wir kletterten auf die Ladefläche und suchten uns einen Platz. Einige andere Passagiere saßen schon oben auf dem Wagen, in ihre Turbane und Decken eingehüllt. Eine kranke Frau lag ausgestreckt in der Mitte.

Weiter ging es, durch die Dunkelheit und die kalte Wüstennacht, die durch den pfeifenden Wind noch kälter wurde. Stunde um Stunde mahlten sich die Räder durch den Sand. An Schlaf war nicht zu denken, weil der Wagen hin- und herschaukelte und wir Mühe hatten, uns an den geladenen Gegenständen, auf denen wir saßen, festzuhalten, um nicht vom Wagen herunterzufallen. Nach einer scheinbaren Ewigkeit erschienen endlich die ersten ersehnten Grautöne am nächtlichen Himmel. Langsam kam mehr und mehr Farbe in den östlichen Himmel und wir konnten unsere Umgebung deutlicher sehen. Die anderen Fahrtgäste waren genauso eingehüllt wie wir und die kranke Frau lag ausgemergelt und bewegungslos zu unseren Füßen. Sie war auf dem Weg vom Krankenhaus in Dongola zurück in ihr Dorf. Das war also der 24. Dezember, der Heilige Abend!

Als die Sonne aufging, erreichten wir ein kleines Dorf, wo wir abstiegen, um uns zu strecken und die Beine zu vertreten. Die Frauen aus dem Haus, wo wir hielten, brachten den Fahrtgästen Tee, wie es der sudanesischen Gastfreundschaft entspricht. Dankbar setzten wir uns auf den Sand, lehnten uns an die Hauswand und genossen die wärmende Sonne und den starken, süßen Tee.

Auf einmal gellte ein Schrei durch die Luft. Eine Frau, wohl eine Verwandte der Kranken, war mit ihr oben auf der Ladefläche geblieben und stimmte das Klagegeschrei an. Sofort fielen alle anderen Frauen in das Heulen und Schreien mit ein. Aus allen Häusern kamen sie herbeigelaufen, rissen sich an den Haaren, schlugen sich auf die Brust und warfen Sand auf ihre Kleider. Die Frau, die durch die Nacht hindurch zu unseren Füßen gelegen hatte, war gestorben.

Ihr Ehemann saß direkt neben uns im Sand. Anders als die Frauen stimmte er nicht in das Klagegeschrei ein. Er sagte nur leise: „Allahu akbar!" – „Gott ist größer!" Eine Träne lief ihm über die Wange. Dann trank er seinen Tee.

Das war also unser Weihnachten! Nichts von Festtagsstimmung, kein Lametta, keine Kerzen und kein Weihnachtsschmuck, keine Lieder und kein Gebäck. Das war doch kein Weihnachten! Oder doch?

Nach kurzer Pause fuhren wir weiter, oben auf dem Wagen, zusammen mit der toten Frau und den anderen Fahrgästen. Von Dorf zu Dorf ging es, entlang dem Nil. Und überall, wo wir hinkamen, erschallte das Klagegeschrei vom Wagen herunter. Überall kamen die Frauen des Dorfes herbeigelaufen und stimmten in das Klagen ein. Hier waren die Menschen alle irgendwie miteinander verwandt und so betraf der Todesfall die meisten von ihnen. In Windeseile verbreitete sich die Nachricht.

Aber es war doch Heiligabend, der Tag, an dem die beste aller Nachrichten zum ersten Mal die Menschen erreichte: „Euch ist heute der Heiland geboren!" Und es waren doch genauso einfache Menschen wie die, mit denen wir hier unterwegs waren, denen die Himmelsboten damals diese Botschaft verkündigten. Wir mussten an das Versprechen aus der Bibel denken, das immer wieder in der Weihnachtszeit in den Kirchen vorgelesen wird: „Das Volk, das im Finstern wandelt, sieht ein großes Licht, und über denen, die da sitzen im finstern Land, strahlt es hell! Denn euch ist ein Kind geboren …"

Genau in diese Welt mit ihren Dunkelheiten, mit ihrem Schmerz und ihrer Trauer, mit ihrer Krankheit und ihrem Tod, da hinein gehört die Weihnachtsbotschaft. Wo, wenn nicht hier, macht Weihnachten wirklich Sinn?

Es war dann kurz vor Einbruch der Dunkelheit, als wir endlich am Haus der beiden Krankenschwestern eintrafen. Margarete und Barbara hatten kaum noch zu hoffen gewagt, dass wir ankommen würden. Ein Telefon gab es damals noch nicht in ihrem einfachen Haus und auch keinen Strom. Und doch konnten wir jetzt Weihnachten feiern! Viel gab es nicht zu kaufen auf dem kleinen Markt von Abri. Fleisch war schon seit Wochen nicht mehr angeboten worden. So bestand unser Festmahl aus einer Tütensuppe, die sie im Sommer aus Deutschland mitgebracht hatten, gebratenen Zwiebeln, etwas Käse und Brot. Und doch war es ein köstliches Mahl, gerade nach der langen Reise. Und wieder sangen wir die Weihnachtslieder, lasen den Bericht von der Geburt von Jesus, den Lukas in seinem Evangelium niedergeschrieben hat, und beteten miteinander. Draußen gingen die Sterne auf, wie damals in der ersten heiligen Nacht. Und wie damals die Hirten auf dem Feld hörten wir in unseren Herzen die Worte des Engels: „Euch ist heute der Heiland geboren, welcher ist Christus, der Herr, in der Stadt Davids."

Dieses Weihnachtsfest in der Wüste wird uns für immer unvergesslich sein. Fern von allem, was sonst Weihnachten für uns ausmacht, und fern von dem, was auch häufig den wahren Sinn von Weihnachten überdeckt, erlebten wir unmittelbar, worum es bei Weihnachten wirklich geht.

„Das Licht scheint in der Finsternis.
Die Freude überwindet die Trauer.
Das Leben besiegt den Tod."

Dr. Roland Werner, Jahrgang 1957, Afrikanist und Theologe, Marburg

Großmutter Sofia und Gottes Gnade

Meine Großmutter Sofia musste 1923 als Pontos-Griechin ihre Heimat an der türkischen Schwarzmeerküste verlassen. Sie begab sich mit zwei Töchtern und drei Enkeltöchtern auf den Weg nach Griechenland, für die Familie ein fremdes, unbekanntes Land. Der einzige männliche Begleiter, ihr achtzehn Jahre alter Enkelsohn Haralambos, hatte hohes Fieber. Am Schiff angekommen, mussten sich alle Zwangsausreisenden untersuchen lassen. Dabei diagnostizierten die Ärzte bei Haralambos Typhus – damit stand fest, dass er nicht mit auf das Schiff durfte. Sofia war ratlos. Sie konnte doch nicht fünf junge Mädchen allein auf eine Reise in ein völlig unbekanntes Land schicken. Neben ihr schrie Haralambos immer wieder: „Galo mana!“ – „Großmutter!“ – „Lass mich nicht alleine!“ Sofia war am Verzweifeln. Da traf sie ihre Schwägerin Maria. Auch diese war in großer Not, hatte sie doch gerade erfahren, dass ihr einziger Sohn ebenfalls an Typhus erkrankt war. So ließ meine Großmutter schweren Herzens ihren weinenden, bettelnden Enkelsohn in der Obhut seiner Großtante zurück.

Inzwischen bin ich selbst Mutter und Großmutter. Die Vorstellung, eine solche Entscheidung treffen zu müssen, erschreckt mich noch heute. Großmutter Sofia sah beide Jungen nie wieder; sie starben in Quarantäne. Bis zu ihrem Lebensende musste Sofia mit der Stimme ihres Enkels leben: „Großmutter, lass mich nicht alleine!“

In den kommenden Jahren brauchte sie viel Kraft für ihre Familie. Die Umstände im neuen Land waren mehr als widrig. Als evangelische Christen hatten sie nicht einmal die übliche Abfindung bekommen, um sich eine Existenz aufzubauen. Dennoch habe ich meine Großmutter immer als starke, mutige Frau erlebt. Oft habe ich mich gefragt, woher sie die Kraft nahm, trotz ihres Schicksals so lebenstüchtig und unverzagt weiterzuleben. Ich erinnere mich, wie wir als Kinder mit ihr in eine Pfingstgemeinde gingen. Das war ein fester Bestandteil ihres Lebens. Trotz mancher Enttäuschungen hielt sie als nüchternes Gemeindemitglied immer an „ihrem Jesus" fest und versuchte ihren Glauben praktisch zu leben. Ich sehe sie vor mir, wie sie hochbetagt einen erbettelten Sack Mehl auf ihrem krummen Rücken zu armen Witwen bringt.

Aber meine Großmutter war auch nur ein Mensch – wie wir alle. Sie ärgerte sich über Christen, die ihrer Meinung nach ihren Glauben nicht so lebten, wie sie es für richtig hielt. Mit diesen „sündigen Menschen" wollte sie keine Gemeinschaft haben. Das führte dazu, dass sie jahrelang nicht am Abendmahl teilnahm. Sie fand andere und sich selbst unwürdig. Zu meinen Erinnerungen an sie gehört auch ihr tägliches Abendgebet: Zuerst betete sie das Vaterunser, dann schloss sie folgende Worte an: „Gott, ich brauche Liebe von deiner Liebe, Geduld von deiner Geduld. Bitte schließ mich von deinem Königreich nicht aus, ich will doch auch dabei sein." Meist fügte sie noch hinzu: „Und nimm mich mit meinem Saft." Damit meinte sie, dass sie nicht bettlägerig sterben wollte. Diesen Wunsch hat Gott ihr erfüllt.

Ich durfte die letzten Tage meiner Großmutter miterleben. Mit achtundneunzig Jahren war sie zwar schwach, aber bei vollem Bewusstsein. Eines Morgens rief sie ihre Töchter zu sich, um ihnen zu erzählen, was sie in dieser Nacht geträumt hatte: „Heute Nacht ist Jesus zu mir gekommen. Er hatte ein Tablett in der Hand und wollte mir das Abendmahl bringen: ‚Kind, warum hast du dich so viele Jahre geweigert, es zu nehmen? Wusstest du nicht, dass das Wegzehrung ist? Du wirst jetzt über den Jordan gehen und brauchst diese Kraft, deshalb bin ich zu dir gekommen."

Dann sagte sie zu ihren Töchtern: „Imä edimi" – „Ich bin bereit."

An diesem Tag schlief sie ruhig ein. So wie sie es sich gewünscht hatte. Ich danke Gott für meine Großmutter. Ich danke ihm für seine Gnade und bin fasziniert darüber, dass er auch manche Extra-Wünsche erfüllt.

Parthena Schuricht, Jahrgang 1937, Veitsbronn

Marienkäfer

Sonntagnachmittag, 14 Uhr. Es klingelt an unserer Haustür. Zwei benachbarte kleine Jungs (die beiden Ministranten unseres Dorfes) stehen draußen und benachrichtigen uns davon, dass die Besitzerin des ortseigenen Tante-Emma-Ladens an diesem Morgen verstorben sei und dass am Abend um 18 Uhr noch das Rosenkranzgebet stattfände.

Kurz erzählen sie uns noch, was geschehen ist, und gehen dann weiter zum nächsten Haus. Etwas gedankenverloren lehne ich am Zaun und beobachte noch eine ganze Weile, wie die beiden von Haus zu Haus ziehen. Ich drehe ich mich um und sage aus einem Impuls heraus zu meinem Mann, dass ich zu diesem Rosenkranzgebet gehen werde.

Ungläubige Gesichter … Selbst meine Kinder staunen. „Du gehst zur Kirche? Und das auch noch freiwillig? Was ist in dich gefahren? Aber du hast recht, wenigstens einer von uns sollte sich da sehen lassen."

Dass das nicht die Gründe und Gedanken sind, die mich antreiben, erwähne ich zwar noch so ganz nebenbei, aber ich mache keine Staatsaffäre daraus. Am Nachmittag telefoniere ich kurz mit einer Freundin aus dem Dorf und sage ihr Bescheid. Sie hat bis dato noch nichts von dem Tod der alten Frau gehört und beschließt ebenso spontan wie ich, mit zur Kirche zu gehen.

Kurz bevor wir dann von meinem Haus aus losmarschieren, blickt auch sie mich ungläubig an und meint: „Dass du zur Kirche gehst … und das auch noch freiwillig … Was ist denn mit dir passiert?"

„Ich gehe da aus ganz verschiedenen Gründen hin, aber der wichtigste ist wohl der, dass ich einfach so langsam hier dazugehören möchte, und ich glaube, meine Teilnahme signalisiert das den Menschen. Ein anderer Grund hat wohl was mit Respekt dieser Frau gegenüber zu tun."

Das halbe Dorf ist auf den Beinen und ich sehe auf dem Weg zur Kirche ganz viele bekannte Gesichter. Wir betreten die kleine Dorfkirche und werden von den Anwesenden mit einem Kopfnicken begrüßt. Der Rosenkranz beginnt, und ich passe mich ganz bewusst an, spreche diesen Singsang mit.

Nein, ich ziehe mich nicht an irgendwelchen Schuldbekenntnissen oder Bitten um Vergebung hoch. Ich schaue dieses Mal nicht angewidert auf die Bilder des Leidensweges Christi und ich muss mir auch kein einziges Mal das Lachen verbeißen. Ich ignoriere diese Dinge aber auch nicht, sondern nehme sie einfach so hin, wie sie sind.

Stattdessen kommt mir so langsam in den Sinn, dass es doch etwas sehr Schönes ist, dass fast das gesamte Dorf hier sitzt und sich wünscht, dass diese Frau in den Himmel kommt, dass ihr verziehen wird und ihr das widerfährt, woran sie im Leben geglaubt hat. Dass ich persönlich absolut nicht daran glaube und auch nicht wirklich glauben will und kann, spielt plötzlich überhaupt keine Rolle mehr, und ich kann auf einmal die anderen so annehmen, wie sie sind.

Während ich so darüber nachdenke, landet plötzlich ein Marienkäfer auf der Schulter einer Frau, die zwei Kirchenbänke vor mir sitzt – für mich in diesem Augenblick ein kleines Zeichen von Farbe und von Leben. Ich muss lächeln. Nun beobachte ich ihn eine ganze Weile und hänge dabei weiter meinen Gedanken nach. Stirnrunzelnd überlege ich, ob und wie ich denn etwas machen werde, wenn er beschließen sollte, in den Hemdkragen dieser Frau zu krabbeln. Erleichtert sehe ich, wie der Marienkäfer in Richtung des offen stehenden Kirchenfensters wegfliegt.

Tja ..., denke ich, *tja ...* Mir fällt ein Buch ein, das ich mal als Teenager gelesen habe. Jeder sieht und sucht Gott woanders, aber eines wird mir in diesem Augenblick klar: Keiner hat die Macht, ihn einzusperren. In diesem Moment gelingt es mir, auch mich so anzunehmen, wie ich bin.

Auf dem Nachhauseweg reden wir noch mit mehreren Leuten aus dem Dorf, und irgendwie ist jetzt etwas anders, und das ist gut so. Dienstag um 14 Uhr findet die Beerdigung statt. Natürlich werde ich auch dort hingehen. Und mit Sicherheit noch ein Stückchen gerader stehen als bisher.

Conny Krakowski, Jahrgang 1970, freischaffende Künstlerin, Aindling/Pichl

Ein ganz normales Jahr!?

Es ist Silvester. Wie immer lasse ich in Gedanken das vergangene Jahr Revue passieren. Wie immer denke ich: *Dieses Jahr kann ja nur besser werden!* Wirklich? Na ja, es fing auf jeden Fall verheißungsvoll an. Ist schon toll, wenn man am Anfang des Jahres Geburtstag hat. Doch dann kam der Frühling. Eigentlich eine tolle Jahreszeit. Alles wird grün, es wird warm, und die Sonne lässt sich tagsüber auch mal länger blicken.

Doch dann – aus heiterem Himmel – dieser Satz meiner Mama, der einiges verändern sollte: „Papa war beim Arzt. Er hat Lungenkrebs!" Leichter Schock, vor Aufregung rote Ohren und die Frage: „Wie soll ich jetzt mit meinem Papa umgehen?" Da ich einen Bekannten habe, der ebenfalls diese Diagnose bekam, mir aber nach erfolgter erfolgreicher Operation und Therapie als „Positiv-Beispiel" gegenüberstand, versuchte ich, meinem Papa Mut zu machen, dass die Heilungschancen gar nicht so schlecht seien. Gar nicht so einfach, jemanden zu ermutigen, der seit über 20 Jahren Angstpatient ist.

Erste Untersuchungen zeigten – außer dem Tumor in der Lunge – keine weiteren Metastasen. Ein Grund mehr für mich, erleichtert zu sein.

Im Juni erfolgte die Operation an der Lunge. Die überstand mein Papa gut. Nach ein paar Wochen im Krankenhaus durfte er wieder nach Hause kommen. Doch irgendetwas schien noch immer nicht zu stimmen. Papa klagte über Schwindelanfälle, die so schlimm wurden, dass er wieder ins Krankenhaus musste. Ein MRT ergab, dass er eine Metastase am Kleinhirn hatte.

Das war dann schon eine ganz andere Hausnummer und die Angst schlich sich so langsam bei uns allen ein. Er wurde ein paar Tage nach der Diagnose am Kopf operiert. Das war kurz vor seinem Geburtstag. An dem selbigen trat aus der Wunde am Kopf Hirnflüssigkeit aus, was dazu führte, dass er erneut am Kopf operiert werden musste. Nach erfolgter erfolgreicher OP klagte er mehr und mehr über extreme Schmerzen am ganzen Körper. Da die Schmerzmittel keine Wirkung mehr zeigten, wurde er schließlich mit Morphium versorgt.

Das führte dazu, dass er immer verwirrter wurde und Dinge sah, die nur er sehen konnte. Auf der einen Seite war das drollig, und es wäre schon beinahe amüsant gewesen, wenn es denn nicht wirklich sehr traurig gewesen wäre.

Eines Tages rief Mama aus dem Krankenhaus an. Die Ärzte meinten, wenn die Kinder ihren Papa noch einmal lebendig erleben wollten, dann sollten wir sofort ins Krankenhaus kommen. Er bekam an diesem Abend zwei Bluttransfusionen, was bei uns eher auf Unverständnis traf – aber da die Konserven bestellt waren, sollten sie auch verwendet werden. Am nächsten Morgen ging es meinem Papa deutlich besser und der Schock und das Abschiednehmen waren erst mal auf Eis gelegt.

Die Strahlentherapie vertrug er wirklich gut. Auch die Ärzte waren zufrieden. Doch dann kam die erste Chemo-Behandlung. Seit diesem Zeitpunkt aß mein Papa so gut wie nichts mehr. Und was er zu sich nahm, stieß sein Körper sofort wieder ab. Er verlor mehr und mehr an Gewicht.

Mein Papa kam nach Hause – in einem eher schlechten Zustand, aber er wollte es gern so. Nach etwa acht Wochen bekam er ein Krankenbett zur Verfügung gestellt, das im Wohnzimmer aufgestellt wurde. Er regte sich darüber ein wenig auf: „Ich brauche kein Krankenbett! Da will ich nicht schlafen!" Am nächsten

Morgen fand meine Mama ihn tot auf dem Boden vor dem Bett liegen.

Sie machte sich große Vorwürfe, dass sie nicht da gewesen war, dass er in diesem Bett schlafen musste, dass sie schuld war. Mein Bruder, ich und unsere Frauen versuchten, ihr zu vermitteln, dass sie dafür gar nichts konnte und dass sie sich mit diesen Fragen nicht quälen sollte.

Diese Zeit war wirklich eine sehr anstrengende. Für alle Beteiligten.

Das alles ist nun schon ein paar Wochen her. Bei den meisten von uns hat sich der Alltag wieder eingestellt und dennoch denken wir noch oft an die ganzen Geschehnisse zurück. Blicken auf all den Schmerz, den wir erlebt haben. Und gerade Mama hat länger gebraucht, ihr Leben wieder positiv zu sehen. Doch in letzter Zeit scheint es auch ihr wieder besser zu gehen, was uns sehr erleichtert.

Seit Jahren begleitet mich die Geschichte „Spuren im Sand" von Margaret Fishback Powers. Dort wird beschrieben, dass eine Person an der Hand Gottes durchs Leben geht und der Herr ihr verspricht, immer da zu sein. Immer wieder blickt sie zurück und sieht zwei Spuren im Sand. Doch gerade in den schwersten Zeiten ihres Lebens kann sie nur eine Spur erkennen. Als sie Gott fragt, warum er sie verlassen habe, kommt die Antwort: „Mein liebes Kind, ich liebe dich und werde dich nie alleinlassen, erst recht nicht in Nöten und Schwierigkeiten. Dort, wo du nur eine Spur gesehen hast, da habe ich dich getragen." Das bewegt mich! Das tröstet mich! Zu wissen, dass Gott nicht von unserer Seite weicht, auch wenn wir vielleicht gerade nichts mit ihm zu tun haben möchten, das ist sensationell.

In einem Brief an Jesus schrieb ich im vergangenen Jahr meine größten Sorgen auf. Ich wollte Abstand zu ihm haben – war nicht bereit, mich auf ihn einzulassen. Ich konnte so viele Dinge nicht verstehen, die sich gerade in meinem Leben abspielten, und verstehe sie bis heute nicht. Der bekannte Vers aus Römer 8,28 – „Wir wissen aber, dass denen, die Gott lieben, alle Dinge zum Besten dienen …" –, das konnte ich in meinem Leben einfach nicht erkennen. Dass Gott uns genügend Kraft für jeden Tag gibt, das konnte ich nicht spüren – dachte ich. Und dann habe ich zurückgeschaut. Habe hier und da nur eine Spur im Sand entdeckt. Und habe erkannt, dass Gott mich tatsächlich getragen hat. Die Kraft, jeden einzelnen Tag zu meistern: Sie war da. Und einmal mehr durfte ich erkennen, worauf es ankommt: Gott zu vertrauen!

Benny Moos, Bürokaufmann, Jahrgang 1979, Offdilln

Gottes Gänseblümchen

Mai 2009: Schweißgebadet schreckte ich auf. Im ersten Moment wusste ich nicht, wo ich war, doch dann sah ich im Dunklen die weißen Schläuche schimmern und hörte den Apparat neben mir surren. Langsam kam ich zu mir. Mein Kopf dröhnte und meine Lunge schmerzte. Ich spürte meinen flachen Atem und versuchte, mich ein wenig zur Seite zu drehen, gab jedoch nach kurzer Zeit auf.

Ich kann einfach nicht mehr, dachte ich traurig und versuchte, meine Gedanken zu sortieren. Dabei musste ich an die Worte des Arztes denken: „Frau Zücker, Sie haben eine sehr aggressive Krebserkrankung. Es tut mir leid, wir können leider nichts mehr für Sie tun."

Diese Diagnose beunruhigte mich sehr. „Herr, was hast du mit mir vor? Möchtest du mich etwa jetzt schon zu dir holen?", fragte ich erschöpft. „Es kann doch nicht sein, dass jetzt schon alles zu Ende sein soll. Ich bin erst dreiundvierzig Jahre alt. Und wer sorgt für meine Kinder? Vor allem für unsere Jüngste, die erst zwölf Jahre alt ist. Sie braucht mich doch!"

Ich musste an die Ereignisse der vergangenen Monate denken. Alles hatte mit einem verdickten Lymphknoten am Hals begonnen. Er war mir immer wieder aufgefallen, doch ich ignorierte ihn anfangs. Im Bauchraum hatte ich zwar seit Jahren ein merkwürdiges Kneifen bemerkt, doch das hatte ich auf meinen Darm zurückgeführt. Die Ärzte waren damals der Meinung gewesen, die Beschwerden seien psychisch bedingt, sodass sie – abgesehen von einer Ultraschallkontrolle und der Untersuchung einer

Stuhlprobe – nichts unternommen hatten. So gewöhnte ich mich an die täglichen Oberbauchbeschwerden und damit auch, wie sich später herausstellte, an den bösartigen Tumor in meinem Unterleib. Als dieser dann erkannt wurde, brach alles in mir zusammen.

Mein von mir getrennt lebender Mann holte mich aus der Klinik ab. Gemeinsam setzten wir uns mit unseren Kindern an den Esstisch und ich erzählte ihnen von dem Befund. Unsere Kinder nahmen die schlechte Nachricht recht gefasst auf. Am Abend informierte ich einige Freunde und Verwandte über die schlimmen Untersuchungsergebnisse und den bevorstehenden Krankenhausaufenthalt. Gott gab mir viel Kraft für die Gespräche und all die Dinge, die an diesem Tag erledigt werden mussten. Am nächsten Morgen stand ich jedoch völlig neben mir. Ich war sehr durcheinander und hatte Schwierigkeiten, den Koffer für das Krankenhaus zu packen.

Und nun lag ich im Städtischen Klinikum meiner Heimatstadt. Die Operation hatte mir stark zugesetzt. Die Ärzte hatten eine Niere entfernt, weil der bösartige Tumor sich dort ausgebreitet hatte. Auch einige Lymphknoten von der Größe eines Hühnereis hatten sie beseitigt.

Plötzlich erinnerte ich mich an ein Lied, das ich in den vergangenen Wochen oft gehört hatte: „Herr ich komme jetzt zu dir. Als ein Kind laufe ich in deine Arme." Auf einmal wurde mir bewusst, was das Lied wirklich bedeutete. „Ja, Herr, ich laufe jetzt zu dir hin und will in deinen Armen bleiben", betete ich. „Ich möchte nicht mehr weglaufen, sondern auf deinem Schoß sitzen." Ich stellte mir das Ganze bildlich vor und freute mich. *Ja, ich habe den mächtigsten und stärksten Vater, den es gibt. Mir kann doch gar nichts passieren – selbst wenn ich eine schwerwiegende Krebserkrankung habe*, dachte ich. Ein tiefer Friede erfüllte mein Herz.

Die ersten Lichtstrahlen drangen durch die Gardine. Eine Krankenschwester kam herein, um die Vorhänge aufzuziehen.

„Wie geht es ihnen, Frau Zücker?“, erkundigte sie sich.

„Ich habe sehr schlecht geschlafen und meine Lunge schmerzt“, antwortete ich. „Auch die Wunde tut sehr weh.“

„Der Doktor wird in einer Stunde bei Ihnen vorbeischauen. Dann können Sie ihm noch einmal ausführlich berichten.“ Kurze Zeit später kam sie mit dem Frühstück zu uns. Mir war so schlecht, dass ich nichts essen konnte und das Essen zur Seite schob.

Ich döste ein wenig, als ein Klopfen an der Tür mich aufschrecken ließ. Augenblicke später trat ein Ehepaar aus meiner Gemeinde ein. Ich freute mich sehr über den Besuch. Die beiden kamen auf mich zu und drückten sanft meine Hand. Der Besuch tat mir gut, obwohl ich von der Operation noch sehr benommen war. Meine Freunde merkten, dass ich erschöpft war, und blieben nicht lange.

„Wir beten für dich, Beate“, versprachen sie und verließen das Zimmer. Zurück blieb ein schöner bunter Blumenstrauß – der erste von vielen.

An den nächsten Tagen bekam ich sehr viel Besuch. Das weiße, karge Zimmer füllte sich allmählich mit Blumensträußen und mit Postkarten und Briefen, denn ich bekam täglich Post. Nicht nur von Freunden, Verwandten und Bekannten – nein, auch von Leuten, die ich gar nicht kannte. Meine Schwester hatte in einem christlichen Internet-Portal über meine Krebserkrankung berichtet. Einige Frauen schrieben mir daraufhin Mut machende Karten und Briefe. Ich bekam sogar Blumensträuße und Pakete von ihnen. Immer wieder war ich darüber begeistert, wie Gott durch solche Aktionen für mich sorgte und mir zeigte, dass er mich nicht vergessen hatte. Es gab auch viele, die für mich beteten. Ich merkte, dass mir das sehr viel Kraft gab.

Nach zwei Wochen verließ ich mit einem Stapel Post und vielen wunderschönen Blumensträußen das Krankenhaus. Ich war dankbar, wieder zu Hause bei meinen Kindern zu sein. Ich erfreute mich an dem guten Wetter und genoss es, die frische Luft einzuatmen und das Zwitschern der Vögel zu hören. Dann bekam ich einige Wochen lang eine Chemotherapie, die ich allerdings absetzen musste, weil meine Lunge sie nicht vertrug.

Doch Gott hielt eine gute Lösung für mich bereit: Schon am nächsten Tag klingelte mein Telefon. Am Apparat war die Chefin des Landhauses „Die Arche", zu der ich lockeren Kontakt pflegte.

Sie war schockiert, als sie von meinem Gesundheitszustand hörte, und bot an: „Beate, hättest du nicht Lust, bei uns eine Kur zu machen?"

Ich verstand dies als Fingerzeig Gottes und begann kurz darauf mit den Reisevorbereitungen. Zehn Tage später brachte meine Mutter mich zum christlichen Landhaus an der Mecklenburgischen Seenplatte. Dort wurde ich mit offenen Armen empfangen und gut versorgt. Ich nahm am Programm für Krebspatienten teil und konnte auftanken. Die Andachten, die frische Luft, das leckere Essen, die Ruhe und die Wasseranwendungen gaben mir neue Kraft.

Vieles von dem, was mir bei der Kur gutgetan hatte, versuchte ich später in meinen Alltag zu integrieren. So achtete ich sehr auf meine Ernährung und bereitete mir täglich viel Rohkost zu. Regelmäßig unternahm ich auch kurze Spaziergänge und legte immer wieder Ruhezeiten ein, die ich dringend benötigte.

Januar 2010: Immer wieder war ich gezwungen, zum Arzt zu gehen, denn es ging mir gesundheitlich gar nicht gut.

„Ich kann nicht mehr", sagte ich ihm.

Er sah mich nur mitleidig an und entgegnete: „Wir wissen ja, wie es um Sie steht. Leider können wir nicht mehr viel für Sie tun. Wir rechnen bei Ihnen in Wochen-Abständen …"

Diese Aussage machte mir sehr zu schaffen. Mir wurde klar: Gott ist der Einzige, an dem ich mich jetzt noch festhalten kann. Er weiß, wie es um mich steht, und wird für mich sorgen.

Schon am nächsten Tag zeigte Gott mir ganz konkret, dass er sich um mich kümmert: Vormittags erhielt ich per Boten einen Blumenstrauß von meiner Schwester, über den ich mich sehr freute. Am Nachmittag folgte die nächste Überraschung: Das Telefon klingelte, und eine Frau, die ich bis dahin nicht gekannt hatte, stellte sich mir vor. Sie baute mich auf und sagte mir, sie bete für mich. Am Abend führte ich ein weiteres ermutigendes Telefonat mit Freunden aus dem Schwarzwald. Sie hörten von meiner Lage und sagten: „Wir wollen dir helfen, Beate. Das ist uns ganz wichtig. Überlege dir doch bitte, ob du noch einmal in ‚Die Arche' gehen möchtest. Am Finanziellen soll es nicht scheitern." Bald darauf erhielt ich per Post ein Paket, in dem sich nicht nur Geschenke befanden, sondern auch ein beträchtlicher Geldbetrag. Am gleichen Tag erhielt ich ebenfalls einen Eilbrief von einer mir unbekannten Dame. Ich öffnete ihn und fand auch darin Geldscheine. Ich war gerührt und dankte Gott für seine Fürsorge, denn mein Konto war gerade völlig leer gewesen.

Die medizinischen Anwendungen, die Zubereitung von Rohkost und frisch gepressten Säften kosteten mich sehr viel Zeit und Kraft. Doch einige Tage später durfte ich erneut Gottes große Güte erleben.

Das Telefon klingelte und eine Frau namens Sonja stellte sich mir vor. Meine Freunde aus dem Schwarzwald hatten ihr meine Nummer gegeben. Sonja meinte: „Ich möchte Ihnen gerne helfen. Ich kann Ihnen das Essen zubereiten, Einkäufe tätigen und den Haushalt für Sie erledigen. Das mache ich natürlich unentgeltlich.“ Ich war gerührt. Wir verstanden uns auf Anhieb und fanden uns sympathisch. Dementsprechend lange dauerte auch das Telefonat.

Als ich den Hörer auflegte, sackte ich erst einmal zusammen – so gerührt war ich von Gottes Güte. „Vater, das ist das größte und schönste Geschenk, das du mir machen konntest“, betete ich. „Ich lobe und preise dich dafür.“

Seitdem wohnt eine liebe Frau bei mir, die Sonja heißt und nur unwesentlich jünger ist als ich. Sie ist mittlerweile meine beste Freundin geworden. Wir haben die gleichen Interessen, die gleichen Ansichten und die gleichen Gewohnheiten. Alles passt perfekt – ist eben Gottes Maßarbeit. Sonja hilft mir auch bei den medizinischen Behandlungen und liest mir aus der Bibel vor. Wir singen gemeinsam und beten zusammen – das stärkt mich geistlich sehr.

Februar 2010: Seit meinem Krankenhaus-Aufenthalt sind inzwischen neun Monate vergangen. Neun geschenkte Monate, für die ich Gott sehr dankbar bin. Kürzlich wurde wieder eine Computertomografie gemacht und festgestellt, dass sich die bösartigen Tumore ausgebreitet haben. Das Ergebnis macht mir zwar zu schaffen, doch ich möchte es so annehmen, wie es ist. Ich habe keine Angst vor dem Tod und bin bereit zu gehen. Denn ich glaube daran, dass das ewige Leben mich erwartet, und ich weiß, dass das Leben auf dieser Erde nur eine kurze Zeitspanne ist. Egal, was passiert – ich bin und bleibe Gottes Kind. Nichts und niemand kann mich aus seiner Hand reißen.

Meine Schwester sagt immer, ich solle auf die kleinen Gänseblümchen achten, und damit meint sie die kleinen Dinge, die Gott im Leben schenkt.

Ich entgegnete ihr dann: „Weißt du was? Mein ganzer Tag ist voll mit Gänseblümchen." Ich sehe es als Geschenk an, dass Gott mich in die Wüste geführt hat, denn dadurch ist er mir noch viel näher. Und in der Wüste stoße ich immer wieder auf Oasen, in denen unzählig viele Blumen wachsen – Gottes Gänseblümchen.

Beate Zücker (+), Jahrgang 1966, Lüneburg

Diese Geschichte wurde von Simone Bartels aufgeschrieben. Beate Zücker ist 2010 verstorben.

Danke

Es war Pfingstsonntagmorgen. Pfarrer Fischer stand auf der Kanzel und predigte. Er hatte seine liebe Mühe mit den Worten über den Heiligen Geist. Nun flog während seiner inhaltlich zwar korrekten, aber entsetzlich langweiligen Predigt krachend die Tür der Kirche auf. Michael – so hieß er nach Auskunft seines Shirts – stolperte herein. Er sah ziemlich gammelig aus – Anfang 30, eher noch jünger, schmutziges Unterhemd, zerrissene Hose, nur ein Schuh an den Füßen. Seine Bierflasche stellte er an der Tür ab. Der Pfarrer redete unbenommen auf die etwas irritierte, aber plötzlich hellwache Gemeinde ein. Stammelte etwas von Pfingsten, vom Heiligen Geist und seinen Namen. Er kaute seine Gedanken aus der Vorbereitung wieder und buchstabierte, was ihn beschäftigte, worauf er aber keine Antwort bekommen hatte. Michael schlurfte schleppend an den Bänken entlang nach vorn, so als wolle er nicht weiter stören. Alles nahm wie gehabt seinen Lauf.

Pfingsten wirft so manche Fragen auf, räsonierte der Prediger. Es bleibt vertraut und vielversprechend, ist aber doch nicht zu fassen. Das Aschenputtel unter den Festen im Kirchenjahr. Es sei eine offene Frage: Was feiern die Christen da eigentlich? Ostern und Weihnachten vermitteln klare Vorstellungen, während Pfingsten geheimnisvoll bleibt. Auch jene, die vom Heiligen Geist gehört haben, finden sich in einem Schwarm von Fragen wieder, die wie Eintagsfliegen über der verschwitzten Stirn tanzen. Fragen, die vom Glauben reden. Häufig die Frage: *Wie* vom Glauben reden? Wie kann ein Mensch wirklich wissen, ob er über seinen

Glauben reden soll oder nicht? Wie soll er wissen, ob seine Worte zum Guten oder zum Bösen, zum Leben oder zum Tode sind? Wie kann ein Mensch wissen, ob er segnet oder flucht, glaubt oder heuchelt, liebt oder betrügt?

Verwirrt von diesen Fragen, überfordert und fast schon enttäuscht von blassen Erklärungsversuchen, wer der Heilige Geist sei, blieb die Predigt nett. Aber eben nur nett. Das musste die tapfere Gemeinde erdulden, während Michael sich in Zeitlupe in die fünfte Reihe setzte. Den Redner auf der Kanzel würdigte Michael mit einem schüchternen Lächeln und geducktem Blick.

Die Predigt war mittlerweile fast am Ende. Fischer zitierte einen Vers von einem modernen Liedermacher.

In diesem Augenblick platzte Michael heraus: „Den kenn ich! Macht Supertexte!"

Die Omas zuckten zusammen. Der Fischer stockte kurz, sprach dann aber einfach weiter, kam zum Amen und stieg von der Kanzel.

Doch die bohrenden Fragen waren damit nicht zum Schweigen gebracht: Wie kann ein Mensch von Gottes Liebe reden? Was müsste man Michael sagen? Wann heißt es reden, wann schweigen? Wie kann ein Mensch vom lebendigen Reden wissen, wenn er die beiden Spaltungen der Sprache nicht kennt? Die Spaltung von Babel und die Spaltung am Pfingstfest. Beim Turmbau von Babel wurden die Menschen um ihres Stolzes und ihres Machthungers willen zerstreut. Zu Pfingsten dagegen sandte der Geist Gottes schlichte Menschen, die den gleichen Dialekt sprachen, aus, um die Menschen in allen Sprachen der Erde zu sammeln und zu einen. Sie verkündeten die Gute Nachricht von Jesus, der um der Liebe willen ein Mensch wurde, einer von uns. Pfingsten löst also das Geheimnis von Reden und Schweigen. So komm, Heiliger Geist! Denn unser geschraubtes, zuckersüßes Hersagen geistlos kopierter Richtigkeiten verklebt die Ohren und erreicht die Herzen der Menschen nicht.

Die Orgel spielte nun ein Lied zur Vorbereitung auf das Abendmahl. Michael sang mit, unüberhörbar. Am Altar bereitete Fischer alles vor, sang, betete und tat, was ein Pfarrer eben tut. Abendmahl an Pfingsten hat was. Pfingsten reißt ja das Geschehen um Jesus – sein Lehren und Lieben, sein Leiden und Leben – aus dem Gefängnis der Geschichte. Ohne Pfingsten blieben Krippe, Kreuz und Auferstehung etwas, das man bedenken und deuten kann, an das man bestenfalls erinnert. Der Geist muss kommen, um den Erinnerungen göttlichen Atem einzuhauchen, um das Geschehen um Jesus grenzenlos lebendig zu machen. Er kommt, um in den Menschen zu wohnen – *Nehmt und esst!* –, damit sie lebendige Christen werden können. Raum und Zeit haben keine Grenzen mehr. Alle Menschen, alle Orte, alle Zeiten und alle Kulturen können diese Rede hören: „Denn [Gott] hat besucht und erlöst sein Volk“ (Lukas 1,68).

Sänger und Pfeifen verstummten. Michael sah den Pfarrer mit großen Augen an. Die Gemeinde lauschte den zehn Geboten. Dann übernahm die Stille den Raum und jedes Gewissen das innere Mikrofon. Beichte – Selbstreflexion, umdenken, ehrlich sein mit sich selbst. Der Heilige Geist hilft dabei. Denn er haucht den Erlösten neues Leben ein. Er ist der Tröster, der Beistand. Das Feuer, die Kraft aus der Höhe, die göttliche Herausforderung. Darf seine Kraft die Macht unserer Hände, unseres Denkens und unserer Gewöhnlichkeiten stören? Darf er wirklich eingreifen in unser Leben? Der Geist weht mit Kraft, heißt es in der Schrift, er kommt als Flamme, er wirbelt, zündelt und erneuert, er übernimmt die Leitung. Der Geist führt den Menschen zu neuen Anfängen. Er schenkt dem Leben tatsächlich prophetische Glut. Was für ein Wagnis, was für ein Abenteuer.

Der Pfarrer stellte die Beichtfragen. In der dritten heißt es: „Glaubst du, dass Jesus für dich auferstanden ist und dass seine Vergebung dir neues, ewiges Leben ermöglicht, dann sprich Ja."

„Ja", entgegnete die Gemeinde aus einem Mund.

„Ja, Ja!", war aus der fünften Reihe zu hören. „Ja … Ja!" Im Crescendo, zögernd zu Beginn und laut und klar ein drittes Ja! Mit weinenden Augen saß Michael da. Er rieb sich die Nase und flüsterte: „Danke …", als das Amen zur Freiheit in den anderen Herzen erst noch ankommen wollte.

Dieses „Danke" durchfuhr alle, ließ Mauer um Mauer fallen – für einen Augenblick stand der Himmel offen. Für alle. Nicht die richtigen Worte, sondern Gottes Geist selbst war am Werk. An Michael und an allen in dieser kleinen Kirche. Der Glaube als Gabe, aus der Dynamik Gottes. Und der Geist macht den Glauben lebendig, hilft hoffen – hilft lieben.

Die Gemeinde feierte zusammen mit Michael Abendmahl. Als sie geendet hatten, die Gedanken noch versunken im Gebet, polterte es wieder an der Kirchentür. Michael drehte sich noch kurz um, winkte und sagte mit lachenden Augen: „Tschüs, war schön bei euch!", und ging hinaus. Die leere Bierflasche ließ er stehen, den einzelnen Schuh auch.

Dr. Norbert Roth, Jahrgang 1973, Pfarrer, München

Talitha – Mädchen, komm zu uns

„Und er ging hinein und sprach zu ihnen: Was lärmt und weint ihr? Das Kind ist nicht gestorben, sondern es schläft. Und sie verlachten ihn. Er aber trieb sie alle hinaus und nahm mit sich den Vater des Kindes und die Mutter und die bei ihm waren und ging hinein, wo das Kind lag, und ergriff das Kind bei der Hand und sprach zu ihm: Talita kum! – das heißt übersetzt: Mädchen, ich sage dir, steh auf! Und sogleich stand das Mädchen auf und ging umher“ (Markus 5,39–42).

Am 26.06.2001 um 10:32 Uhr erblickte unsere Tochter Talitha das Wasser der Welt – sie wurde nämlich im Geburtshaus in Gera in einer Badewanne geboren. Sie war ein rosiges Mädchen mit einer warmen Speckschicht, 53 Zentimeter lang, 4.200 Gramm schwer. Gesund.

Gesund?

Rückblende: Im Oktober flüsterte Christine mir das zärtliche Geheimnis zu: „Wir bekommen ein Baby!“ Wir waren aus dem Häuschen. Melissa war damals vier, Florian zwei Jahre alt. Zwei richtig tolle Kinder, zu denen wir schon eine Weile gern noch ein drittes bekommen wollten. Nun hatte es geklappt. Ein Schwangerschaftstest ließ keinen Zweifel zu.

Am 10. November musste Christine zum Frauenarzt. Die Kinder begleiteten sie. Aufgeregt kamen sie zurück: „Baby bummbumm macht, Baby bummbumm macht!“ Florian hatte die Herztöne gehört. Der Arzt hatte die Schwangerschaft bestätigt. Vor Begeisterung kugelten wir alle durch den Hausflur.

Zur nächsten Untersuchung, dem ersten Ultraschall, kam auch Papa mit. Das Baby zog alle Register: Es rollte und tollte in Mamas Bauch. Ein winziger Arm winkte uns auf dem Monitor entgegen. Das Herz schlug einwandfrei, die anderen Organe waren intakt. Toll!

Plötzlich der Schreck. Der Arzt entdeckte einen Schatten im Nacken des Embryos. Eine Zyste? Er besah ihn sich näher. Es war ein Ödem, und zwar ein riesiges: Es machte über zwanzig Prozent der Körperlänge aus. Eine solch große Wasseransammlung habe er noch nie gesehen, meinte der Arzt sichtlich betroffen. Sehr behutsam machte er uns mit dem Gedanken vertraut, dass unser Kind sehr wahrscheinlich eine Behinderung haben würde. Down-Syndrom, Herzfehler – er wollte sich nicht festlegen. Nicht einmal, ob das Kind lebensfähig sein würde, konnte er sagen.

Uns überfiel ein schweres, dumpfes, ungewisses Gefühl. In einem Nebensatz deutete der Arzt an, dass man Kinder bei einem solchen Risiko nicht bekommen müsse. Wir ignorierten die Andeutung. Für den übernächsten Tag bekamen wir einen Termin bei einem Spezialisten in Weimar, einem führenden Ultraschall-Experten.

Bedrückt saßen wir im Auto. Plötzlich plauderte Melissa los: „Habt ihr gesehn: Das Baby hat gewinkt. Es hat bestimmt gesagt: Bitte, darf ich zu euch kommen?!“

Das traf uns mitten ins Herz. Christine und ich sind davon überzeugt, dass jedes Kind ein Geschöpf Gottes ist. Deswegen halten wir eine Abtreibung nicht für den richtigen Weg. In diesem Augenblick war dieser Gedanke für uns nicht länger Überzeugung, sondern Gewissheit, nicht länger moralische Haltung, sondern Herzensangelegenheit. Melissa hatte für das ungeborene Kind gesprochen und in unseren Herzen hatten wir eine klare Antwort: „Kind, sei willkommen!“

Mittags beteten Christine und ich: „Danke, Herr, dass unser Baby ein Herz hat und Füße und eine Wirbelsäule und eine Seele – und damit eine Ewigkeit bei dir." Wir nahmen uns in den Arm und weinten lange miteinander.

13. Dezember: Termin beim Spezialisten. 3D-Ultraschall, modernste Technik. Der Embryo zeigt sich erneut von seiner allerbesten Seite: Er dreht sich, führt alles vor. Auch die Wasserblase im Nacken. Sie ist riesig: über 1 Zentimeter Durchmesser bei einer Körperlänge von 7,7 Zentimeter. Auch diesem Arzt ist ein solches Ödem noch nicht untergekommen. Er schätzt, dass das Risiko einer Behinderung bei 20 Prozent liegt. Eine Trisomie verschiedener Chromosomen ist ebenso möglich wie eine andere genetische Störung. Auch dieser Arzt weist uns darauf hin, dass viele Eltern sich schon bei weit geringerem Risiko gegen ein Kind entscheiden. Wir machen unseren Standpunkt klar. Ich bin wütend darüber, dass ich mich rechtfertigen muss. Kann man sein Kind denn nicht einfach bekommen wollen, gesund oder behindert?! Der Arzt rät darüber hinaus zu einer Fruchtwasserpunktion. Wir sind nicht gerade begeistert, haben wir schon viel zu oft gehört, dass dabei Wehen ausgelöst oder das Kind verletzt werden könnten. Wir könnten es uns ja überlegen, meint er.

Als wir wieder im Auto sitzen, bin ich total froh. Unser Baby wird leben! Es wird kein schmerzhaftes Leiden haben! Wie viele behinderte Kinder sind der Sonnenschein ihrer Familie! Christine hingegen ist verunsichert. Sollten wir nicht doch eine Punktion vornehmen lassen? Wenn es dem Kind hilft … Zugleich schöpft sie Hoffnung, weil die Wahrscheinlichkeit, dass wir doch ein gesundes Kind bekommen, bei 20 Prozent liegt. Ich dagegen bin aus irgendeinem Grunde gewiss: Es wird behindert sein.

Zwei Tage später: Der nächste reguläre Termin beim Frauenarzt steht an. Auch er rät zur Punktion. Auf unsere Frage, wo denn der therapeutische Sinn läge, antwortet er ausweichend. Wir entscheiden uns für einen Bluttest, den Triple-Test, mit dem sich eine Trisomie mit großer Sicherheit bestimmen lässt.

Dazwischen liegt jetzt erst einmal Weihnachten. Wir fahren in die Schweiz und besuchen die Schwiegereltern. Unsere Geschichte bedrückt sie sehr. Eines Morgen macht meine Schwiegermutter Stille Zeit und stößt dabei auf die Geschichte der blutflüssigen Frau, die Jesus am Saum fasst und daraufhin gesund wird. Sie weiß in diesem Augenblick: Das Kind wird gesund. Ich freue mich darüber, dass sie diese Hoffnung hat, aber so richtig will sie mich damit nicht anstecken. Ich will nicht verdrängen, sondern mich auf ein behindertes Kind einstellen.

Als wir wieder zurück in Deutschland sind, wird der Triple-Test gemacht. Nach zwei Tagen das Resultat: keine Trisomie, kein offener Rücken. Danke, Herr!

12. Januar: Ultraschall. Der Arzt muss unerwartet eine ganze Bildergalerie für uns anfertigen. Und warum? Weil das Ödem verschwunden ist! Wie er auch schaut, welche Perspektive er auch wählt, der Nacken des Embryos sieht völlig normal aus. Er kann es nicht fassen. Wir führen ein langes Gespräch, in dem wir ihm auch vom Gebetseindruck von Christines Mutter berichten.

„Ihre Gebete scheinen geholfen zu haben", meint der Arzt. Eine Punktion ist kein Thema mehr. Dennoch bleibt ein Risiko. Der Arzt will noch nicht Entwarnung geben und überweist uns sicherheitshalber noch einmal an den Experten in Weimar.

Auch beim Spezialisten bestätigt sich der Befund: Das Ödem ist vollständig verschwunden. Der Arzt ist mehr als erstaunt. Jetzt erfahren wir, dass er sich sehr große Sorgen gemacht hat. Das Risiko ist also doch größer gewesen, als vermutet. Doch eine Behinderung kann auch dieser Arzt noch immer nicht ganz ausschließen: Das Kind könnte das Turner-Syndrom haben, was sich erst vier bis sechs Wochen nach der Geburt sicher ausschließen lässt. Wir erfahren dadurch, dass wir ein Mädchen bekommen. Wir müssen an das von Jesus auferweckte Mädchen denken, und beschließen, sie Talitha zu nennen: Mädchen, steh auf – und komm zu uns.

26. Juni 2001: Talitha ist geboren! Alles ging gut. Sie sieht propper aus und wach. Sie hat überall ziemlich viel Babyspeck, vor allem im Nacken. Die Hebamme lacht. „Vielleicht könnte das den Schatten verursacht haben." Der stolze Papa hängt sich ans Telefon und an den Computer und informiert alle von der Geburt seiner „kerngesunden Tochter".

27. Juni 2001: Die Kinderärztin kommt. Routineuntersuchung U1. Sie stutzt über den „Stiernacken" von Talitha. Christine erzählt ihr von dem Verdacht auf Turner-Syndrom. Die Ärztin nickt. „Das könnte die Ursache sein." Sie rät zu einer genetischen Blutuntersuchung durch die Uniklinik Jena.

10. September 2001: Heute ist der Termin in der Uniklinik. Blutabnahme – und dann wieder vier Wochen warten. Könnte ich es wirklich ertragen, wenn mein Kind dauerhaft krank wäre? Die Blutabnahme erfolgt nach zwei erfolglosen, aber schmerzhaften Versuchen am Arm aus einer Kopfvene. Es sieht grausig aus. Talitha schreit wie am Spieß. Wie muss es da erst Eltern gehen, die Tag für Tag so etwas erleben müssen?

Die Ergebnisse, so heißt es, lägen nach zwei Wochen vor. Christine ruft zum vereinbarten Termin an und wird weitere vierzehn Tage vertröstet. Und dann wieder. Und wieder.

Talitha entwickelt sich mittlerweile prächtig. Mit wachen, aufmerksamen Augen schaut sie in die Welt. Sie lacht viel. Wirklich, sie ist ein Sonnenschein. So wie sie ist. Wer kann hierzu schon Nein sagen?

Mitte November: Endlich die Nachricht. Es gibt kaum etwas Schlimmeres als Ungewissheit. Talitha ist gesund. Danke, danke, danke.

Uwe Heimowski, Jahrgang 1964, Pastor und wissenschaftlicher Mitarbeiter im Bundestag, Gera, www.uwe-heimowski.de

Vergewaltigt

Die ersten Jahre meiner Kindheit verliefen ganz normal – bis ich aufs Gymnasium ging. Dort war ich fremd und alles war neu. Ich war eine Außenseiterin, hatte nicht die tollen Klamotten oder die tollen Hobbys und zudem auch noch ein strenges Elternhaus. Meine Schwester und ich gingen jeden Samstag in die Kirche – weil wir mussten. Ob wir es wollten? Wir hatten keine Wahl. 1983 starben meine geliebten Großeltern innerhalb von drei Monaten, erst mein Opa, dann meine Oma. Sie war sehr gläubig, und ich versprach ihr am Totenbett, mich firmen zu lassen, sonst hätte ich es wohl nicht getan.

Knapp fünf Monate nach ihrem Tod wurde ich von einem Bekannten vergewaltigt. Es begann eine Zeit, in der ich mich einfach nur deshalb mit Tabletten vollstopfte, um das Ganze zu überstehen. Ich sprach mit niemandem darüber und spielte mir und allen anderen heile Welt vor. Das Einzige, was man von außen wahrnehmen konnte, war, dass ich immer mehr abnahm. Dann kamen schulische Probleme hinzu. Ich war eine Rebellin, die sich hinter auftoupierten Haaren, Make-up und einer schwarzen Kutte versteckte.

An dem Tag, an dem sich meine Vergewaltigung jähren sollte, schluckte ich eine Überdosis Tabletten. Ich wollte diesen Tag einfach nicht erleben. Doch nach einem Herzstillstand holten die Ärzte mich ins „Leben" zurück – und ich hasste sie dafür! Ich musste zwar eine Therapie machen, schwieg aber dennoch. Anschließend irrte ich weiter umher, suchte Wege, suchte Ziele. Dabei rannte ich aber immer weiter weg – weg vor mir, weg von

Gott. Ich flüchtete in die Punkszene, war einfach anders. Dennoch machte ich meine Ausbildung, die ich auch mit einer sehr guten Note abschloss.

1991 begann ich eine Umschulung, bei der ich auch meinen damaligen „Freund" kennenlernte. Diese Beziehung brachte mir einen Riss in der Schädeldecke, einen Bänderriss, gebrochene Rippen, einen gebrochenen Arm, unzählige blaue Flecken, Veilchen, Würgemahle und letztendlich auch einen gebrochenen Stolz ein. Damals betete ich ab und zu; meist unterhielt ich mich einfach in Gedanken mit Gott, stellte Fragen und bat um Hilfe. Nach zwanzig Monaten schaffte ich es trotz aller Drohungen, die Beziehung zu beenden und zu gehen. 1993 zog ich nach Aalen und nahm eine eigene Wohnung, deren Adresse nur meine engsten Freunde besaßen, was auch für meine Telefonnummer galt, denn ich hatte immer noch Angst, dass er eines Tages vor der Tür stehen würde.

Kurze Zeit später erkrankte ich schwer, ging in Kur, kam zurück, kündigte meinen Job, meine Wohnung und versuchte, neu zu beginnen. Doch im Grunde war ich nur auf der Flucht. Als ich schließlich nur noch vierzig Kilogramm schwer und am Ende meiner Kräfte war, kam der Zusammenbruch. Doch statt aufzuwachen, machte ich weiter wie bisher, schlief nicht mehr, aß nicht mehr, war immer in Bewegung. Mit Ausnahme von Infusionen, Tee, Kaffee und Wasser gönnte ich meinem Körper nur zweihundert Kalorien am Tag. Mit fünfunddreißig Kilogramm wurde ich schließlich ins Krankenhaus eingeliefert und über Infusionen direkt ernährt. Ich quälte meinen Körper weiter mit überzogenen Leistungen. Jeden zweiten Tag brauchte ich einen neuen Infusionshalter, da diese sich nicht zum Joggen eignen. Sinnlos, also wurde ich entlassen.

1999 wurden meine Infusionen abgesetzt, und ich wurde zunehmend schwächer; selbst Dinge wie Schuhe binden oder

Anziehen wurden zum Problem. Damals schleppte ich mich oft ans Grab meiner Großeltern, ging anschließend in die Kirche, zündete eine Kerze an und sprach mit Gott. Nachts spürte ich diese schreckliche Todesangst. Oft brach ich in dieser Zeit zusammen, rappelte mich jedoch irgendwie immer wieder auf.

Diese Angst trieb mich schließlich zu meinen Eltern. Sie brachten mich wieder einmal ins Krankenhaus. Es war die Hölle. Für Infusionen war ich zu dünn und auch für eine Sonde, also teilte man mir mit, ich könne auch zu Hause sterben. Meine Mutter und mein Arzt kämpften dennoch um einen Therapieplatz und damit um mein Leben.

Im April 1999 begab ich mich in die Klinik Roseneck, die in Prien am Chiemsee liegt. Ich wog noch neunundzwanzig Kilo, und es war fraglich, ob sie mich aufnehmen würden. Ich bettelte und flehte, denn ich wusste, dass dies meine letzte Chance war. Neunundzwanzig Jahre alt, neunundzwanzig Kilo schwer und ein Pflegefall. So hatte ich mir mein Leben nicht vorgestellt! Dennoch war ich hier. Ich wollte leben und doch war es so ein harter Kampf! Anfangs maß ich jedes Gramm und freute mich darüber, langsam neue Kraft zu bekommen. Ich konnte allmählich den Kopf wieder selbstständig heben, allein aufstehen, duschen, mich anziehen. Die ersten vier Wochen durfte ich jedoch mein Zimmer nicht verlassen, da mein Herz zu schwach war und die Ärzte nicht wussten, ob ich überleben würde.

Doch ich habe mich ins Leben zurückgekämpft.

In solchen Kliniken gibt es viele Mädchen und Frauen, die sexuelle Gewalt erfahren mussten. Menschen, die sich an den Rand des Todes hungern, kotzen, ritzen, verbrennen und quälen. Jede dieser Qualen wird ausgeübt, um den Schmerz einer gebrochenen Würde zu unterdrücken. Jede dieser Qualen ist besser als das, was uns widerfahren ist.

Eines Tages sprach ich beispielsweise eine Mitpatientin an und fragte sie, warum sie mich so anfeinde. Der Körper des Mädchens war mit Narben nur so übersät. Sie hatte nichts ausgelassen – vom kochenden Wasser, mit dem sie sich übergossen hatte, bis hin zum Ritzen, hatte sie alles ausprobiert. Sie antwortete, dass sie mich hasse, da ich etwas geschafft hatte, was ihr noch nie gelungen wäre: weniger als dreißig Kilo zu wiegen. Diesen Blick, diesen Hass in ihren Augen habe ich bis heute nicht vergessen. In diesem Moment wusste ich: Wenn ich das hier überlebe, werde ich eines Tages etwas tun, um anderen betroffenen Frauen und Mädchen zu helfen.

Ich ging meinen Weg, nahm zu und wurde nach fünf Monaten entlassen. 2000 suchte ich mir wieder einen Job und 2001 fand ich auch eine Wohnung. Menschen ließ ich aber weiterhin nicht zu nahe an mich heran; ich hatte Angst, verletzt zu werden.

2003 machte ich mich als Schneiderin selbstständig und im Jahr darauf gründete ich mit einem Nachbarn eine Bürogemeinschaft. Auf diese Weise konnte ich meine Werkstatt und er seine Detektei unter einen Hut bringen. Da er das Unternehmen jedoch in den Ruin trieb, kam es mehrmals zum Streit. Ich zog mit meiner Werkstatt aus und führte seine Bürogeschäfte von zu Hause aus. So kam es auch an dem Tag, als er seine Unterlagen bei mir abholte und ich ihm mitteilte, dass ich nicht mehr länger für ihn arbeiten werde, zu einer Auseinandersetzung. Er rastete völlig aus und zum zweiten Mal in meinem Leben wurde ich vergewaltigt. Aber mit einer „Steigerung“ – diesmal hatte er den Lauf einer Pistole auf mich gerichtet.

Wie reagiert eine Frau in dieser Situation richtig? Ich weiß es nicht, aber ich habe die ganze Nacht geheult, geschrubbt, geduscht, geputzt und gewaschen, doch der Dreck blieb haften. Also tat ich das, was ich am besten konnte: hungern.

Ein ehemaliger Arbeitskollege schrieb mir, dass er meinen Geschäftspartner wegen Rufmord verklagen würde und ob ich bereit wäre auszusagen. Ich deutete ihm per SMS an, was passiert war, und noch am selben Tag rief mich die Polizei an, sie bräuchten meine Aussage. So fuhr ich in dem Glauben hin, dass es um den Rufmord gehe. Ich wurde eines Besseren belehrt und so kam alles ins Rollen. Einen Tag später saß ich bei der Kripo in Aalen, wurde von dort für die Erstversorgung zur Polizeipsychologin geschickt.

Kurz darauf beschloss ich, ein paar Tage zu einer Bekannten zu fahren. Ich musste einfach nur weg. Doch meine Abreise verschob sich um ein paar Tage. Als ich am ursprünglich geplanten Tag mit dem Auto unterwegs war, stellte ich fest, dass ich einen Platten hatte. Also Ersatzrad aufziehen und ab in die Werkstatt. Ich hatte jedoch ein ganz seltsames Gefühl und kontrollierte daher noch mal alle Reifen. Drei von vieren waren angeritzt und wären zweifellos auf der Autobahn geplatzt.

Ich rief die Polizei, die die Räder mitnahm und sie untersuchten. Aber Fingerabdrücke an Reifen, und das im Winter? Ein Ding der Unmöglichkeit. Also zog ich meine Anzeige aus reiner Angst zurück. Ich hatte keine Kraft mehr zu kämpfen. Das Einzige, was mich motivierte, nicht ganz aufzugeben, war mein Hund Sam. Traurig, doch er war in dieser Zeit der einzige Grund für mich zu leben. Er war da, wenn ich einsam war; er war das einzige Wesen, dessen Nähe ich zulassen konnte; er hielt mich in diesem Leben. Anderen Menschen zu vertrauen war zu diesem Zeitpunkt undenkbar.

Doch ich war mir auch bewusst, dass ich mit meinem Leben dafür bezahlen würde, wenn ich noch einmal in dieses Loch fiel. Irgendwie schaffte ich es auch, nie weniger als vierzig Kilo zu wiegen, und pendelte mich schließlich bei fünfundvierzig Kilo ein. Ein Gewicht, mit dem man gerade mal überlebt.

Zu dieser Zeit arbeitete ich als Telefonistin, gab Nachhilfestunden und kellnerte in einem Lokal. Dort lernte ich auch meinen jetzigen Mann kennen, dem ich knallhart die Wahrheit über mich ins Gesicht sagte. Ich teilte ihm mit, nun könnte er entscheiden, ob er ginge. Er blieb und unterstützte mich, was mit Sicherheit nicht immer einfach war.

Im Januar 2008 begann ich eine Ausbildung zur Selbstbehauptungs- und Verteidigungstrainerin. Ich wollte anderen Frauen helfen.

Im März 2009 fand ich dann vor meiner Tür neununddreißig rote Rosen und an meinem Auto eine weitere Rose. Im Juni dieses Jahres wurde ich vierzig. Die alte Angst kroch in mir hoch: Hatte er mich gefunden? Drohte ein neuer Anschlag? Mein Mann war beruflich unterwegs und ich allein mit meiner Angst und Verzweiflung. Nach zehn Tagen war mein Leidensdruck so hoch, dass ich kaum mehr weiterwusste. An diesem Abend rief mich meine Mutter an und erzählte mir, dass der Selbstverteidigungsexperte Michael Stahl am nächsten Morgen einen Vortrag im Nachbarort halten würde. Im Rahmen meiner Arbeit war ich immer wieder über seinen Namen „gestolpert“ und wollte ihn nun kennenlernen. Also ging ich zu diesem Vortrag. Erst fand ich das Gebäude nicht, dann keinen Parkplatz, und als dann diese Hürden genommen waren, regnete es in Strömen. Trotz alledem wusste ich, dass ich dort hinmusste. Wir machten uns bekannt und er sah all das Leid in meinen Augen. Bei seinem anschließenden Vortrag über Gott und Jesus war ich sehr berührt und in meinem Herzen machte sich eine wunderbare Wärme breit; meine Augen füllten sich nach vielen Jahren mit Tränen. Ich hatte gefunden, wonach ich all die Jahre gesucht hatte: Gott!

Michael Stahl und meine liebe Kollegin Hilda Kaufmann, zwei wunderbare Menschen, die mich sehr unterstützen, haben mir

Gott nähergebracht. So ist auch unser Projekt zur Prävention und Opferhilfe entstanden. Wir arbeiten und helfen mit all unserer Kraft, wo immer wir willkommen sind, um die Dunkelheit und die Kälte ein kleines bisschen mit Licht und Wärme zu füllen.

Ulrike Rudat, Jahrgang 1969, Selbstverteidigungstrainerin, Aalen

Gott hält mich in seiner Hand

In einem kleinen fränkischen Städtchen wurde 1964 ein Mädchen geboren. Mit 13 Monaten wurde bei ihr ein schon weit fortgeschrittener bösartiger Tumor entdeckt, woraufhin das Kind sofort in die Uniklinik kam. Von Anfang an – aber erst recht nach der ersten Operation, die nach fünf Stunden abgebrochen werden musste, weil der Zustand des Mädchens sehr kritisch war – war klar, dass die Überlebenschancen schlecht standen. Sie wurde dennoch über mehrere Jahre in der Uniklinik behandelt, als medizinisches Experiment – Wilmstumor an Niere und Darm, später Lymphe, dann Lungenmetastasen, drei Operationen, Bestrahlungen und die erste Chemotherapie in Deutschland. Weder damals noch heute lässt es sich mit dem menschlichen Verstand erklären, dass dieses Mädchen den Krebs überlebt hat, und so ging sie als „Wunder von Erlangen“ in die medizinische Geschichte der Krebsbehandlung ein. Zu dieser Zeit wurde ein Krebspatient, selbst ein Kleinkind, zudem in (teilweiser wochenlanger) Quarantäne untergebracht; die Eltern durften nur immer wieder einmal durch die Scheibe schauen.

Ihr alter Hausarzt sagte immer: „Wenn sie der Krebs nicht umgebracht hat, hätte sie eigentlich das umbringen müssen, was man mit ihr gemacht hat.“ Das Mittel, das damals eingesetzt wurde, wird heute nicht mehr verwendet, denn zwischenzeitlich weiß man, dass es Nervenschäden verursacht, und die damalige Dosierung würde man heute keinem Erwachsenen mehr zumuten. Dennoch wuchs das Mädchen (fast) ganz normal auf: Sie war ein kleiner Wildfang, der am liebsten mit den Jungs die Gegend unsicher machte, tat sich leicht im Lernen, wurde nach dem Abitur Beamtin … und nicht nur das: Sie hat weitaus weniger Spätschäden davongetragen, als man erwartet hätte.

Ich bin dieses (mittlerweile alte) Mädchen, das 1964 geboren wurde. Mein Name ist Petra und das bedeutet ja bekanntlich „der Fels".

Mit 14 Jahren wurde ich konfirmiert. Mein Konfirmationsspruch wurde vom Dekan ausgewählt, er findet sich im Psalm 90,14: „Fülle uns frühe mit deiner Gnade, so wollen wir rühmen und fröhlich sein unser Leben lang." Welche Tragweite dieser Spruch für mich hat, wurde mir erst im Laufe von vielen Jahren deutlich.

1990 wurde entgegen aller Erwartungen meine Tochter geboren, mein ganz persönliches potenziertes Wunder. Kein Arzt und niemand in der Familie hätte geglaubt, dass mein Kinderwunsch in Erfüllung gehen würde, nur ich selbst hatte tief in meinem Innern das Gefühl, dass alles in Ordnung war. In Kürze wird Ramona 24 Jahre jung und verlässt bald ihr Elternhaus, um ihren eigenen Weg zu gehen.

Nein, ich bin nicht völlig gesund. Nach der fünften großen Operation im Jahr 2010 hat sich mein Bauch nicht mehr erholt und deswegen wurde ich auch mittlerweile pensioniert. Seitdem habe ich auch einige Einschränkungen in meinem Alltag, aber wenn jemand mich bemitleiden möchte, dann sage ich ihm: „Als ich ein Jahr alt war, hätte niemand gedacht, dass ich fünf Jahre alt werde, aber so Gott will werde ich nächstes Jahr 50!" Und ich beschäftige mich – so gut es mir nur gelingen mag – mit den Dingen, die ich kann, und nicht mit denen, die ich nicht (mehr) kann.

Und noch ein Nein: Es ging mir auch nicht immer gut in meinem bisherigen Leben, aber es ging immer gut aus. Nach einer gescheiterten Ehe und einem Jahrzehnt als Alleinerziehende durfte ich 2006 der Liebe meines Lebens begegnen und 2010 haben wir uns das Jawort gegeben. Der Trauspruch, den wir selbst ausgesucht haben, begleitet uns: „Gott ist die Liebe; und wer in der Liebe bleibt, der bleibt in Gott und Gott in ihm" (Johannes 4,16). Und in der Ansprache im Traugottesdienst formulierte es unser Dekan trefflich so: In unserem Lebensbuch gibt es viele Seiten, unter die man schreiben würde: um Gottes willen – aber auch viele, unter die man schreiben würde: Gott sei Dank! Und so ist es unser großer Wunsch, dass wir beide irgendwann unsere Silberhochzeit feiern und auch an diesem Tag „Gott sei Dank!" sagen können.

Und noch einmal ein Nein: Es war mir nicht immer möglich, ganz ohne Fragen und Zweifel den Weg so zu gehen, wie Gott ihn für mich vorgesehen hatte bzw. hat. Durch manches Tal der Traurigkeit und Tränen bin ich gegangen, aber auch wenn ich mich mutterseelenallein gefühlt habe, irgendwie konnte ich doch immer spüren: Gott hält mich in der Hand. Ich habe gute Tage und andere Tage. An guten Tagen umarme ich Gott und die Welt – an den anderen bin ich gerne für mich, ruhe mich aus und lasse mich halten. So manches, was mich an anderen Tagen so beschäftigt, habe ich aufgeschrieben, so wie z. B. das Folgende:

Manchen Weg bin ich schon gegangen

Manchen Weg bin ich schon gegangen
manchen langsam und manchen schnell
manchen mit anderen zusammen und manchen allein
manchen den Berg hinauf und manchen hinab ins Tal
manchen bei strahlendem Sonnenschein und
manchen in finstrer Nacht
manchen geraden Weg und manchen verschlungenen Pfad

manchen von Erfolg gekrönt und manchen,
der mir nichts gebracht
manchen schnurstracks in einem Stück und
manchen mit kurzer oder langer Rast
manchen mit freudigem Lachen und
manchen in Verzweiflung und Not
manchen mit einem festen Ziel und manchen einfach drauflos
manchen bis zum Ende und bei manchem drehte ich wieder um

Manchen Weg bin ich schon gegangen
und jeder führte mich zu mir
und jeder führte mich zu dir
und jeder führte zu Gott
der immer bei mir war
und bei mir ist
manchmal ganz offensichtlich
und manchmal unerkannt

Und ein letztes Nein: Nein, ich bin kein unglücklicher Mensch geworden durch meinen Weg. Ich lernte vieles zu schätzen, das so manchen viel zu banal oder selbstverständlich erscheint, und ich bin dankbar für all das Gute, das mir täglich begegnet. Ich lache gerne, habe eine lebensbejahende Ausstrahlung, und wer meine Geschichte nicht kennt, wird sie nie auch nur erahnen können.

So dunkel die Nacht dir auch scheinen mag
so sicher kommt der neue Morgen
an dem es sich lohnt, aufzustehen und deinen Weg zu gehen
denn Gott, der Herr, der dich ins Leben rief, will
dass du lebst und glücklich bist

Und zum guten Schluss noch ein Ja:

JA, ich spüre es in meinem Herzen, und ich weiß: Gott hält mich in der Hand, das ist größer als alle Fragen, größer als der Schmerz, größer als die Angst und größer als das, was wir begreifen können.

Petra Krebs, pensionierte Beamtin, Jahrgang 1964, Wassertrüdingen

Ich hatte zwei Töchter …

Ich hatte zwei Töchter. Steffi und Nadine. Bis in der Neujahrsnacht 2000 das Unfassbare geschieht. Steffi will mit Freundinnen die Jahrtausendwende feiern. Doch anstatt wie geplant auf dem Dorf zu feiern, zieht es die Mädchen in die Stadt. Am anderen Morgen steigen sie versehentlich in einen falschen Bus und machen sich an der Endstation zu Fuß auf den Weg in ihre Heimatdörfer. Irgendwann ist Steffi dann allein unterwegs.

Den ganzen Neujahrstag über mache ich mir Sorgen um sie. Vergeblich rufe ich sie immer wieder auf dem Handy an, telefoniere mit allen Freundinnen, suche sie … Abends gehe ich zur Polizei. Am nächsten Tag findet ein Bauer ihre Leiche.

Für Nadine und mich wird das Leben unerträglich. Zwar stehen uns viele Freunde bei, doch für sie geht irgendwann der Alltag weiter, während wir beide von unserem Schmerz aufgezehrt werden. Weiterzuleben kostet unendlich viel Kraft. Albträume quälen uns. Ich kann nicht mehr arbeiten. Nadine bekommt Probleme in der Schule, wird zur Außenseiterin. Es ist kaum ein Trost, dass der Täter schon bald ermittelt wird.

Zwei Jahre nach der Tat hat Nadine keine Kraft mehr. Sie versucht, sich das Leben zu nehmen. Der Selbstmordversuch scheitert. Ich bin verzweifelt, habe ebenfalls Selbstmordgedanken, fühle mich alleingelassen und unverstanden. Die Eltern von Steffis Freundin kümmern sich um uns, bieten immer wieder ihre Hilfe an. Sie sind Christen und helfen mit Rat und Tat. „Der Einzige, der euch in eurer Situation wirklich helfen kann, ist Jesus Christus“, meinen sie. Nadine und ich wissen: Wir brauchen dringend

Hilfe, aber niemand konnte bisher helfen. Doch wir haben nichts mehr zu verlieren und so beten wir gemeinsam.

Das Gebet bleibt nicht ohne Folgen. Langsam aber stetig geht es uns beiden besser. Der Lebensmut kommt zurück. Ich kann auf einmal wieder schlafen und bald an meine Arbeitsstelle zurückkehren. Weil es Nadine noch nicht ganz so gut geht, kann ich anfangs auch zu Hause arbeiten. Jesus wird der Mittelpunkt meines Lebens; ich lasse mich in allen Bereichen meines Lebens von ihm führen.

Eines Tages ist in der Gemeinde, in die ich inzwischen gehe, das Thema „Vergebung“ dran, und ich erkenne, dass es an der Zeit ist, nicht nur allen Menschen, die mich einmal verletzt haben, zu vergeben, sondern auch dem Täter. 2007 beginne ich mit dem Dienst beim Schwarzen Kreuz und gehe mit anderen Ehrenamtlichen in die „Gruppe“ ins Gefängnis in Freiburg. Ich spüre dabei in mir Gottes große Liebe zu den Gefangenen. Mir ist bewusst: Eines Tages werde ich auch dem Mörder meiner Tochter begegnen. Dieser Mann kommt jedoch nie in die Gruppe, obwohl ich ihn mehrfach durch andere Gefangene dazu einladen lasse. Durch sie erfahre ich, dass er schwer erkrankt ist und nicht mehr lange zu leben hat.

Anfang des Jahres höre ich, dass er sich im Finalstadium dieser Krankheit befindet und in eine Klinik verlegt wird. Das ist für mich die Möglichkeit, ihm endlich zu begegnen, um ihm meine Vergebung auszusprechen. Der Oberstaatsanwalt, den ich um Besuchserlaubnis bitte, weiß nicht, wie er mit einer solchen Situation umgehen soll. Er hat wohl Angst, dass ich als Mutter des Opfers dem Täter etwas antun, dass ich Rache üben will. Dass dieses Treffen dann überhaupt möglich wird, verdanke ich allein Gottes Eingreifen. Er öffnet die Türen auf verschlungenen Wegen.

Anfang Februar 2009 kommt das Treffen zustande. Der Kranke liegt im Bett und reicht mir seine Hand, die ich ergreife und festhalte. Er bittet mich um Vergebung, und ich antworte ihm, dass ich gekommen bin, um ihm zu mitzuteilen, dass ich ihm vergeben habe. Und nicht nur das: auch Gott wolle ihm vergeben. Völlig unerwartet bittet der Mann mich, mit ihm zu beten, und ich erfülle ihm gern diesen Wunsch. Es ist ein ganz heiliger Moment; die Herrlichkeit Gottes ist im Raum spürbar.

Vierzehn Tage später stirbt der Mann – als ein von Gott begnadigter Sünder.

Ursula Link, Jahrgang 1955, Veterinärmedizinisch-technische Assistentin, Freiburg

Freier Fall in Gottes Hände

Wir waren ein glückliches Paar. Als wir vier Jahre verheiratet waren, meldete sich unser Wunschkind an. Es war natürlich das süßeste Baby der Welt, und ich genoss die Freiheit, ganz für unseren kleinen Sohn da zu sein. Er war aber auch ein munteres Kerlchen mit einem äußerst geringen Schlafbedürfnis und hielt mich ganz schön auf Trab. Unser Glück war perfekt, als wir ein Grundstück mit einem geplanten Einfamilienhaus bei uns im Ort erwerben konnten, um für unsere kleine Familie ein wohnliches Nest zu schaffen. Regelmäßig spazierte ich mit dem Kinderwagen an der Baustelle vorbei und beobachtete, wie unser Haus Stein um Stein wuchs. Wir fühlten uns wie von Gott besonders gesegnete Kinder und dankten ihm täglich für unsere Lebenssituation. Doch manchmal kam mir auch der Gedanke, es würde wohl nicht für immer so bleiben, dass einfach alles glatt lief in unserem Leben. Noch ahnten wir nicht, wie schnell das Pendel auf die andere Seite umschlagen kann und dieses augenblickliche Hoch in unserem Leben vorüber sein würde.

Acht Monate nach der Geburt unseres Sohnes wurde bei einer Vorsorge-Untersuchung durch meinen Gynäkologen ein auffälliger Befund festgestellt, der sicherheitshalber nach drei Monaten noch einmal kontrolliert werden sollte. In den folgenden Wochen kam ich nicht allzu oft dazu, über die Angelegenheit nachzudenken, denn unser kleiner Schatz forderte meine ganze Kraft. Er hatte einfach so viel Energie, dass er sich den ganzen Tag wach halten wollte – und das im Alter von noch nicht einmal einem Jahr! Trotzdem war ich eine glückliche Mama und merkte nicht, dass ich körperlich am Ende meiner Kraft war – aber nicht nur wegen unseres Kindes.

Als ich nach den drei Monaten die angesetzte Kontrolluntersuchung wahrnahm, änderte sich unser Leben schlagartig. Die Diagnose lautete Eierstockkrebs, was für eine Frau in meinem Alter (ich war gerade erst zweiunddreißig Jahre alt) sehr selten ist. Mein Arzt meinte, ich solle noch am selben Tag ins Krankenhaus gehen, da der Tumor sehr schnellwachsend war. Ich wankte aus der Praxis und stand völlig unter Schock. Alles lief wie in Zeitlupe ab. Ich wusste nicht mehr, was ich denken sollte; mein Kopf war leer. Ich wollte so schnell wie möglich nach Hause und hatte doch gleichzeitig Angst, mit dieser Diagnose unser Familienglück und unsere Zukunftspläne zu zerstören. Sehr genau kann ich mich noch heute an den Augenblick erinnern, als ich nach Hause kam: Mein Mann saß mit unserem kleinen Schatz im Sessel, sie sahen zusammen ein Bilderbuch an und riefen fröhlich: „Hallo, Mama!" Und ich musste ihnen diese Hiobsbotschaft überbringen!

Als ich unter Tränen berichtete, dass ich sofort operiert werden müsse, schlug mein Mann die Hände vors Gesicht und rief: „Nein, nein, das kann nicht wahr sein!" Alles kam uns vor wie ein Albtraum, und wir hofften, bald daraus zu erwachen. Für kurze Zeit kam die Frage in uns hoch: Wie kann Gott uns das antun, wo wir doch unser Leben Tag für Tag mit ihm leben? Wir waren so glücklich zusammen, unser Sohn war noch so klein und würde seine Mama noch lange brauchen. Wir hatten Angst, dass ich vielleicht nicht mehr lange leben würde, da nicht klar war, in welchem Maße der Krebs schon andere Körperregionen befallen hatte. Ich hatte Todesangst und vergoss unendlich viele Tränen. Plötzlich wurde so vieles unwichtig, was uns vorher beschäftigt hatte, sogar unser Haus, das sich noch im Rohbau befand. Was ist schon ein Haus, wenn es um Leben und Tod geht? Wir wussten nicht, ob wir jemals dort einziehen würden; im Angesicht dieser Diagnose konnten wir uns nicht vorstellen, wie unsere Kräfte auch noch für einen Hausbau reichen sollten.

Unsere Familien und engsten Freunde zu informieren war schwer für uns, da wir ahnten, dass alle geschockt sein würden. Aber viele versprachen, für uns zu beten, und sagten uns ihre Hilfe und Unterstützung zu für die schwere Zeit, die nun vor uns lag. Wir waren überwältigt von dieser Anteilnahme.

Ich musste innerhalb von zwei Tagen operiert werden, da der Tumor sich schon durch den ganzen Bauchraum ausgedehnt hatte. Bis hoch zum Zwerchfell hatten sich faustgroße Tumorknollen gebildet. Eierstöcke und Gebärmutter mussten entfernt werden, ein Stück vom Darm, auf dem der Tumor auflag, wurde auch entnommen. Mein Bauchfell war übersät mit kleinen Tumorknötchen und musste ebenfalls entfernt werden. Aber die Ärzte konnten – Gott sei Dank – alle Wucherungen entfernen.

Erleichterung und seelischer Schmerz lagen in diesen Tagen dicht beieinander. Unser Sohn feierte seinen ersten Geburtstag, als ich noch im Krankenhaus lag. Das war für mich besonders schwer, da ich nicht wusste, wie lange ich noch zu leben hatte. Würde ich den zweiten Geburtstag unseres Sohnes überhaupt noch erleben?

Es war, als würde uns der Boden unter den Füßen weggerissen. Doch es war für uns kein Absturz ins Bodenlose, sondern ein direkter Fall in Gottes Hände. Wir spürten seine Gegenwart, als wir gemeinsam in Gottes Wort nach Trost und Halt suchten. Als ich meine Bibel wahllos irgendwo aufschlug, um ein tröstendes Wort zu finden, las ich als Erstes folgende Verse aus Psalm 118: „Ich werde nicht sterben, sondern leben und des Herrn

Worte verkündigen. Der Herr züchtigt mich schwer, aber er gibt mich dem Tode nicht preis" (Verse 17 und 18). Mein Herz stockte. Das konnte kein Zufall sein! Ich war erstaunt, dass Gott so maßgeschneidert auf meine Situation antwortete, und musste beschämt bekennen, dass ich so eine direkte Zusage gar nicht erwartet hatte! Dabei heißt es sogar in Vers 5 desselben Psalms: „In der Angst rief ich den Herrn an; und der Herr erhörte mich und tröstete mich." Genau das hatte ich jetzt gerade erfahren! Der Psalmdichter hatte vor mehreren Tausend Jahren die gleiche Erfahrung mit Gott gemacht wie ich an diesem Tag.

Wir fühlten uns klein und hilflos, aber wir wussten, dass mein Leben nicht in unserer Hand und nicht in der irgendeines Arztes liegt. Allein unser großer Gott hatte mir das Leben geschenkt und er würde es eines Tages beenden; und er hat jeden Tag, der dazwischen liegt, in seiner Hand. Wie König David konnten wir vertrauen: „Meine Zeit steht in deinen Händen" (Psalm 31,16). Gottes Zusagen ließen uns ruhig werden und gaben uns den Halt, den wir jetzt so dringend brauchten. Wir konnten ganz neu Gottes Nähe spüren und wussten, dass er uns gerade dann nah sein will, wenn wir kraftlos und verzweifelt sind.

Die sechsmonatige ambulante Chemotherapie war körperlich und psychisch eine sehr belastende Zeit für mich. Die Nebenwirkungen, vor allem die Gliederschmerzen, die Appetitlosigkeit und der Haarausfall waren schrecklich. Vor jeder Zwischenuntersuchung kam die Angst wieder hoch, dass die Tumore zurückgekehrt waren. Aber unser Gott war gnädig. Er schenkte mir nicht nur einen komplikationslosen Heilungsverlauf nach meiner großen Operation, sondern auch zahlreiche befundfreie Nachuntersuchungen. Ich hatte stets einen Arzt zur Seite, der mich nicht nur medizinisch kompetent, sondern auch sehr einfühlsam durch diese Zeit begleitete. Gott schenkte mir auch Hilfe bei der psychischen Verarbeitung dieser Krankheitsgeschichte und neue körperliche Kraft. Gott zeigte sich uns als der wahre Heiland, der Menschen heil werden lässt an Leib und Seele und der bis heute Wunder tut.

Durch diese Erlebnisse mit Gott entstand ein tiefes Vertrauen zu ihm. Ich hatte die Erfüllung seiner Zusagen persönlich erlebt. Und dieses Vertrauen musste sich nochmals bewähren: Sieben Jahre nach meiner Bauch-Operation litt ich relativ plötzlich unter neurologischen Ausfällen wie Wortfindungsstörungen und Bewegungseinschränkungen. Untersuchungen ergaben, dass in meinem Gehirn eine Hirnmetastase gewachsen war. Es war ein neuerlicher Schock für uns, aber wir durften von der Zuversicht zehren, dass Gott mitgehen und mich auch wieder durch diese Krankheitszeit tragen würde. Viele Menschen staunten über meine Gelassenheit, als ich ruhig in die OP gehen konnte.

Meine Gehirn-Operation, bei der der Schädel geöffnet werden musste, verlief ohne Komplikationen. Als ich aus der Narkose erwachte, konnte ich normal sprechen und alles bewegen. Da das keine Selbstverständlichkeit war, waren wir entsprechend dankbar. Für uns blieb die Frage, ob sich nur im Gehirn eine Metastase gebildet hatte oder ob mein ganzer Körper inzwischen wieder vom Krebs befallen war. Aber Gott schenkte uns auch hier ein gutes Ergebnis. Durch die notwendigen Gehirn-Bestrahlungen sind für mich nur kleine Einschränkungen im Alltag zurückgeblieben.

Ich habe gelernt, wie wichtig es ist, in guten Zeiten den Kontakt mit Gott zu pflegen, um dann auch die schweren Zeiten aus seiner Hand annehmen zu können. Er beschenkt uns mit schönen Lebenszeiten und will uns in schweren Tagen besonders nahekommen, um uns Halt und neue Kraft zu schenken. So kann ich sagen, dass diese Lebenskrise eine schwere, aber keine sinnlose

Zeit war. Gott zur Ehre möchte ich leben und von dem Wunder erzählen, das er an mir getan hat. Soli Deo Gloria.

Daniela Hofheinz, Jahrgang 1967, kaufmännisches Angestellte, Stutensee

Der fremde Soldat

„Der Herr ist mein Hirte, mir wird nichts mangeln …“ Mit diesem Vers aus dem 23. Psalm wurde meine Mutter 1916 bei ihrer Konfirmation eingesegnet. Oft erzählte sie, wie Gott sie auch durch schwierige Lebenslagen hindurchgeführt hat. In besonderer Weise erlebte sie es im Zweiten Weltkrieg, als mein Vater im Krieg war und sie mit ihren fünf Kindern viele Nächte im Keller verbringen musste. Oft war ihr dabei der Konfirmationsspruch Trost und Hilfe.

Das erfuhr meine Mutter auch kurz nach dem Zweiten Weltkrieg, als sie mit mir ihre Mutter in der Pfalz besucht hatte. Auf der Rückfahrt sollte es von Heilbronn nach Bad Rappenau gehen, doch es gab von Heilbronn aus keine Verbindung mehr. Die Stadt und auch der Bahnhof waren fast vollständig zerstört. Eine Übernachtungsmöglichkeit war ebenfalls nicht vorhanden. Doch meine Mutter gab nicht auf. Sie glaubte an Gottes Möglichkeiten.

Zielstrebig ging sie auf die amerikanische Kaserne zu und sprach den nächststehenden Soldaten an: „Can you help me? I have to go to Bad Rappenau with my daughter.“

Der Amerikaner schaute uns erstaunt an, überlegte aber nicht lange, sondern verschwand mit den Worten: „A moment, please!“

Kurze Zeit später fuhr er mit einem Jeep vor. Er erklärte meiner Mutter, dass er Deutschen eigentlich nicht helfen dürfte. Aber er würde uns mit dem Jeep nach Bad Rappenau bringen, wenn wir die im Jeep liegende Militärkleidung anziehen würden, um unerkannt zu bleiben. So setzte sich jeder von uns einen Helm auf und zog einen Militärmantel an. Als wir auf diese Weise verkleidet waren, fuhr uns der amerikanische Soldat nach Bad Rappenau.

Ich weiß noch, wie sehr es mich als Kind beeindruckt hatte, dass dieser fremde Soldat so freundlich und hilfsbereit war. „Vielleicht hat er sich von Gott gebrauchen lassen", meinte Mutter.

Lilo Probst, Jahrgang 1938, Volksschullehrerin und Katechetin i. R., Rothenburg

Rückendeckung

Seit einigen Monaten plagten mich Rückenschmerzen. Ich hetzte von Arzt zu Arzt. Jeder sagte mir etwas anderes und schloss nur Krankheiten aus, aber niemand sagte mir, was ich wirklich hatte. Ich konnte doch jetzt nicht einfach alle Projekte, die ich angefangen hatte, absagen, und die Menschen, die sich auf meine Einsatzfähigkeit verlassen haben, enttäuschen. Ich bin Tänzerin. Ich brauche also diesen Körper! Aber er funktioniert nicht mehr. Er treibt mich in den Wahnsinn. Verzweiflung macht sich breit und greift nicht nur den Rücken, sondern auch meinen Glauben an. Ich zweifle an allem, an meiner Berufung, an meinem Leben, an meinen Freunden, an meiner Liebe – an Gott.

Doch ich tanzte weiter unter Schmerzen, in der Hoffnung, dass mein Rücken noch ein bisschen halten würde. *Nur noch eine Stunde, dann ist der Auftritt vorbei. Komm schon! Kämpfe! Ignoriere die Schmerzen!* Der Saal war voller Menschen. Ich wusste, dass der Choreograph und auch der Regisseur so viele Erwartungen an mich hatten. Ich musste Leistung abliefern. Wie, war egal. Der Druck stieg. Meine Gedanken auf der Bühne kreisten nur um den schmerzenden Rücken. *Komm schon! Kämpfe! Ignoriere die Schmerzen!*

Doch ich konnte nicht mehr kämpfen. Ich war am Ende. Zu oft hatte ich gekämpft, die Zähne zusammengebissen und es durchgezogen, doch diesmal hatte ich keine Kraft mehr – ich brach zusammen. Krankenwagen. Blaulicht. Alles wie im Schleier. Die Situation ertränkt in meinen Schmerzen und eingehüllt in Tränen.

Ich bekam intravenös eine hohe Dosis an Schmerzmitteln. Mir wurde schwarz vor Augen und ich beobachtete das Geschehen nun einige Sekunden lang von oben. Doch dem schmerzgeplagten Elend, was ich da betrachtete, kam es wie Stunden vor.

Das Mittel, welches der Arzt mir gespritzt hatte, wirkte und ich war wieder bei Bewusstsein. Mit dem Krankenwagen kam ich schließlich ins nächste Hospital, wurde geröntgt und ins Bett gebracht.

Die nächsten Tage verbrachte ich im Krankenhaus. Nach mehreren Untersuchengen und Behandlungen wurde ich ohne Diagnose entlassen. Ein Bandscheibenvorfall wurde ausgeschlossen. Ich sei anatomisch gesund.

Doch woher kamen die Schmerzen? War es eine Folge meiner Lebensweise während der letzten Monate? Waren sie einfach meine Bestimmung? Sollte ich nicht mehr tanzen?

Wo bist du, Gott? Du sagst, wenn wir am Boden sind, sollen wir zu dir schreien. Ich bin am Boden, habe aber nicht den Mut zu schreien, weil ich Angst habe. Angst davor, zugeben zu müssen, dass ich mich von dir entfernt habe, dass ich nur nach meinem Denken gelebt habe, dass mir der Erfolg in meinem Beruf zu Kopf gestiegen ist.

Das ist der Nachteil an einem darstellenden Beruf. Man redet sich ein, dass man nur mit Beifall leben kann. Doch der Beifall kommt eher beiläufig und der Gedanke, man sei etwas Besseres, wenn das Publikum einen beklatscht, ist eine Einbildung, ein Reinfall oder auch der Fall. Unter Gottes Himmel sind wir alle gleich und niemand ist was Besseres. Auch nicht im Theater. Der Mensch ist auf und hinter der Bühne genauso Mensch wie im Zuschauerraum.

*

Ich würde jetzt gern erzählen, wie die Geschichte ausgegangen ist. Erzählen, dass ich mich wieder bewegen, dass ich wieder tanzen kann. Doch so weit ist es noch nicht. Ich befinde mich gerade in der Phase, in der ich zu Gott kommen muss. Schreien, weinen, hoffen, beten. Viele Dinge in mir sind ungeklärt, so wie die Ursache der Rückenschmerzen noch ungeklärt erscheint. Ich bete für ein Ende dieser Geschichte. Für ein Ende der Schmerzen, für die eine Erkenntnis, die mir vielleicht noch fehlt. Ich habe immer noch Zweifel und ringe mit mir jeden Tag aufs Neue darum, die Hoffnung auf eine Genesung nicht aufzugeben. Dabei habe ich aber irgendwie kapiert, dass das alles einen tieferen Sinn hat.

Ich möchte daran glauben, dass ich eines Tages wieder tanzen werde. Dann wird nichts sein wie vorher, denn ich werde mit Demut tanzen. Jede Bewegung, jeden Schritt, den ich ohne Schmerzen tun kann, werde ich als Geschenk betrachten und nicht als selbstverständlich. Ich werde meinen Körper nicht als Maschine sehen, sondern als wunderbar gefertigtes Instrument.

Denn eins habe ich aus der Sache gelernt, dass es manchmal gut ist zu fallen, weil man dann neue Wege erkennt. Das ewige Gehetze durch die Welt, das Funktionieren und keine Zeit mehr zu haben für sich selbst und vor allem nicht für die Beziehung mit Gott, dass ist ungesund, das macht krank und bringt nichts.

Und so ein Fall oder wie bei mir so ein Unfall ist manchmal schmerzhaft, aber auch eine Erlösung. Eine Lösung vom alten Ich und ein Neuanfang. Ein Anfang mit vielen Erkenntnissen.

Und dann wird ganz plötzlich aus einem Fall ein Glücksfall, denn wir fallen ja nicht tief, sondern in die Hand des Höchsten. Und was könnte mehr Rückendeckung geben, als dieser Gedanke?

Annika Keidel, Tänzerin, Tanzpädagogin und Choreographin, 1992, Mannheim

Hellblaue Kreide

Vor zehn Jahren war ich beruflich selbstständig und leitete ein Restaurant. Aus verschiedenen Gründen begann das Geschäft immer schlechter zu laufen und ich hatte hohe Schulden und deshalb große Sorgen. Meine finanzielle Not war abends mein letzter Gedanke und morgens der erste.

Meine Tochter besuchte damals die Grundschule, und eines Nachmittags ging ich, wie schon öfters zuvor, zu Fuß zur Schule, um sie abzuholen. Meine Gedanken waren irgendwo, ich hatte große Not, und die Tränen liefen mir nur so übers Gesicht, als ich über den Schulhof ging. Ich wusste wirklich nicht, wie es weitergehen sollte …

Da sah ich auf dem Boden vor mir mit hellblauer Straßenkreide geschrieben:

„Der Herr ist mein Hirte, mir wird nichts mangeln …"

Wie meine Schritte weitergingen, so gingen auch die Verse des Psalms weiter. Ich konnte den ganzen Psalm 23 auf dem Boden des Schulhofs lesen, einen Vers nach dem anderen!

Am Ende setzte ich mich auf eine Bank und musste erst recht weinen – dieses Mal aber vor Glück! Der Herr, mein Gott und Vater, hatte mich so liebevoll getröstet und ermutigt!

Sicher hatten die Schüler, die vielleicht im Religionsunterricht diese Verse auf den Boden des Schulhofs geschrieben hatten, keine Ahnung, dass sie es nur für mich getan hatten!

Cornelia Wagner, Hauswirtschafterin, Jahrgang 1961, Korntal-Münchingen

Mein letzter Brief

Lieber Vater,

du bist tot. Du hast dir am 8. Dezember das Leben genommen. Noch vor zwei Jahren hast du deinen 70. Geburtstag freudig im Kreis deiner Familie gefeiert. Und im gleichen Jahr hast du Mutter verlassen. Du bist gegangen, ohne dich zu verabschieden. Als würdest du dir ein Fußballspiel unseres Dorfvereins anschauen wollen. Du bist gegangen – doch du kamst nicht wieder.

„Wo bist du?“, war die Frage deiner Frau und deiner Familie, die wir mit dir in deinem Haus lebten.

Mit Lügen und Anschuldigungen gegen uns sowie einem Verhalten, wie wir es von dir überhaupt nicht kannten, hast du versucht, deine Entscheidung vor dir selbst und auch uns gegenüber zu rechtfertigen. Manches Porzellan wurde im ersten halben Jahr deines Ausbruchs zerschlagen. Die Frage, was wohl in dich gefahren ist, beziehungsweise was vielleicht schon ewig lange in dir schmorte, fand keine Antwort. Du konntest nicht ausdrücken und wir konnten nicht erkennen und auch nicht verstehen, was dich zu deiner Entscheidung trieb.

Ein Vierteljahr hielten wir deinen Auszug in unserem Haus geheim. Wir wünschten uns so sehr, dass du wieder heimkommen würdest und wollten dir den Weg zurück so einfach wie möglich machen. Ich habe dir Briefe geschrieben, in denen ich versucht habe, dir einerseits die Konsequenzen deines Tuns klarzumachen. Andererseits sagte ich dir auch, dass du trotz allem mein Vater bist. Tief in dir drin wusstest du selbst am besten, dass dein

Verhalten und deine innere Verwandlung nicht zu dem passt, was bisher dein Leben war.

Mein Leben lang warst du für mich da. Du warst darin eine stetige Größe, immer verlässlich, äußerst hilfsbereit, auf meine berufliche Entwicklung warst du stolz, hast mich interessiert gefördert und mir in jeder Lebenslage geholfen, auch wenn ich dir sehr oft große Sorgen gemacht habe.

Als meine erste Familie vor elf Jahren zerbrach und ich in einer Klinik Hilfe suchte, hast du mich zusammen mit Mutter besucht. Du hast in den tiefsten Tiefen meines Lebens zu mir gestanden. Das werde ich dir nie vergessen.

Unter gegenseitigen Tränen hast du zu mir gesagt: „Wolfgang, wenn du willst, komm erst mal nach Hause."

Mit diesem Satz zog so viel neue Qualität und Offenheit in unsere Beziehung ein. Ich habe damals ganz neu Respekt und Achtung dir gegenüber gewonnen.

Als ich nach fünf Jahren erneut heiratete, hast du dich sehr mit mir gefreut. Du warst mein Trauzeuge und Mutter und du habt Christine ganz fest in Euer Herz geschlossen. Umso trauriger war ich jetzt, dass du begonnen hast, dich als Vater innerlich meilenweit von mir zu entfernen. Ich hatte geglaubt, dich auf einer ganz neuen Ebene mit Tiefgang wiedergefunden zu haben.

Ich stellte dir Fragen: „Was ist nur in dir drin? Was hat dich so tief verletzt, dass du heute sein musst, wie dich niemand kennt? Warum bist du nicht in der Lage, deine inneren Verletzungen auf andere Weise zu ergründen und heil werden zu lassen? Bist du selbst mit deinem momentanen Verhalten glücklich?"

Auf keine Frage bekam ich eine Antwort von dir.

Das Leben musste weitergehen. Die Aufgaben, die du in und um unser Haus ausgeführt hast, begann ich zu übernehmen. Und ab und zu kamst du unverhofft nach Hause.

Im vorletzten Frühjahr standst du plötzlich in Mutters Wohnung. Eine heftige Auseinandersetzung, Fragen ohne Antworten sowie unhaltbare Vorwürfe deinerseits gegen Mutter waren die Folge.

Im Sommer hast du dann dein Fahrrad abgeholt. Deine neue „Flamme“ saß mit im Auto. In der Auseinandersetzung mit dir an diesem Tag spürte besonders meine Frau Christine, dass du mit deinem neuen Leben nicht glücklich warst. In ihren Armen liegend und mit Tränen in den Augen hast du dich auf unbestimmte Zeit wieder verabschiedet.

Im Februar dieses Jahres bat ich Dich, wegen der gemeinsamen Steuererklärung mit Mutter nach Hause zu kommen. Du kamst. Bist sogar eine Nacht geblieben. Das Geschäftliche wurde erledigt, Persönliches von Mutter, Christine und von mir wieder und wieder hinterfragt. Erneut erlebten wir dich unentschieden und sogar so, als wolltest du zu uns zurück. Die Verzweiflung in dir musste wohl immer größer geworden sein. Was solltest du tun? Du wolltest zurück. Doch es schien, als fehlten dir sowohl der Mut als auch die Worte dazu. Gleichzeitig hattest du wohl keine Kraft für den Weg der Umkehr. Wie wütend muss das Beben in dir gewesen sein, als du beim Abschied am nächsten Tag sogar weinend in Mutters Armen gelegen hast, um dich ein allerletztes Mal von ihr zu verabschieden.

Für mich folgte nun eine schwere Zeit. Beruflich war ich sehr stark gefordert. Mutter musste sich einer Operation stellen. In meiner Verantwortung als Vorsitzender des örtlichen CVJM (Christlicher Verein Junger Menschen) hatten wir wegen eines Bauvorhabens keine leichten und doch richtungsweisende Verhandlungen mit der Gemeinde zu führen. In der Familie fand ich mich oft nur schwer mit meiner Stiefvaterrolle zurecht und das führte immer wieder zu Auseinandersetzungen mit Christine.

Gleichzeitig vermisste ich meine drei eigenen Töchter aus meiner ersten Ehe, die heute im Raum Köln leben. Julia und Laura würden im Mai ihr Abitur schreiben. Verena würde ebenfalls im Mai ihr Fest zur Entlassung aus dem biblischen Unterricht feiern, zu dem ich wie in den letzten zehn Jahren üblich keine Einladung bekommen hatte.

Das alles führte dazu, dass ich selbst im April einen Nervenzusammenbruch erlitt und in eine Erschöpfungsdepression fiel. Nichts schien mehr zu gehen. Meine Kräfte waren total erschöpft. Ich wusste selbst keine Antworten mehr. Erneut diese Krankheit bei mir selbst zu entdecken fiel mir so schwer. Ich wollte mit niemandem reden – außer mit Christine. Ganz tief war das Loch, in das ich gefallen war. Kein Licht schien mehr zu scheinen. Nicht einmal meinen eigenen Kindern konnte ich selbst von meiner Lage berichten. Laura schickte mir nach 14 Tagen ein von ihr gemaltes Bild in die Klinik.

Meine Töchter, denen ich über die Jahre hinweg wegen der großen Distanz nur bruchstückhaft hatte geben können, was ich eigentlich wollte, waren jetzt für mich da. Jetzt beteten sie für mich. Jetzt machten sie mir Mut, mit den Worten ihres Kartengrußes.

„NIE TIEFER ALS IN SEINE HÄNDE", stand in Großbuchstaben auf diesem Bild!

Das löste in mir Beschämtheit aus, aber auch tiefe innere Freude und ein Umdenken. Meine Töchter schenkten mir den Schlüssel zu neuem Mut und neuer Zuversicht. Sie malten mir den doch so weit entfernt geglaubten Vater im Himmel wieder ganz nah vor Augen. Ich begann mich zu öffnen und bewusst jedes Angebot der Hilfe anzunehmen, das mir in dieser Klinik zur Verfügung stand. Alles musste helfen, damit mir diese Krise zu meinem Besten dienen würde.

An mir und meinen inneren Problemen wollte ich arbeiten und neuen Umgang damit finden. In mir wuchs ganz neu der Glaube, dass es keinen Ort gibt, an dem mich nicht mindestens ein Strahl der Liebe und Güte Gottes erreicht. Er machte mir neu bewusst, meine Lasten ganz konkret bei ihm ablegen zu dürfen. Jesus hat sie schon längst für mich getragen. Er liebt mich so sehr, dass er lieber stirbt, als ohne mich zu leben. Jesus stellte meine Beziehung zu Gott dem Vater wieder ganz neu her.

Ich lernte: Ich kann und muss keinen Menschen ändern! Ich kann dem Nächsten, wenn überhaupt, nur helfen, sich selbst zu ändern. Denn jeder ist für sich selbst verantwortlich. Dies verhalf mir in vielen Problembeziehungen zu einer neuen Freiheit ohne Ablehnung des Gegenübers.

In Familie, Arbeit und dem CVJM sowie dem sonstigen Leben fand ich nach einer Schonzeit schnell wieder gut zurecht und vieles entwickelte sich sehr positiv.

Auch zu dir, Vater, suchte ich wieder Kontakt. Obwohl du dich während meiner Krankheitszeit nicht bei mir gemeldet hast, trafen wir uns im September an einem neutralen Ort. Wir besprachen miteinander die Regelung um die Eigentumsverhältnisse bezüglich unseres Hauses. Du warst im Frieden damit einverstanden, dass wir eine Besitzüberlassung zu Lebzeiten vereinbaren wollten, und ich sollte diese beim Notar vorbereiten lassen.

Am 7. Dezember trafen wir uns bei dir. Wir besprachen den Notarentwurf miteinander. In Ruhe erklärte ich dir die Einzelheiten und wir besprachen deine offenen Fragen. Ich sah dir an, dass du in deinem tiefsten Innern nicht glücklich warst. Ein letztes Mal versuchte ich, dir Brücken für eine Umkehr und ein Heimkommen zu bauen. Zweieinhalb Stunden lang. Wir verabschiedeten uns voneinander und vereinbarten ein Telefonat am Wochenende.

Du sagtest zum Abschied: „Nimm bitte liebe Grüße an alle zu Hause mit." Damit fuhr ich heim.

Am 8. Dezember nahmst du dir das Leben. Gebrochen in deinem Herzen und zerrissen in deiner Seele.

Jetzt schenkt dir Jesus Heilung für dein Herz und deine Seele, an den Stellen, an denen wohl keiner ahnte, wie tief deine Verletzungen sein konnten.

Das ist und bleibt mein Glaube und meine feste Zuversicht. So will ich dich loslassen – ganz tief in Gottes erbarmende Hände.

Ich will mich erinnern an die vielen guten Jahre mit dir und dein treues Sorgen für deine Familie. Ich bin tief traurig, dass ich dir in deiner Not keine Hilfe sein konnte. Aber ich habe großen Respekt vor dem Mut deiner letzten Entscheidung.

Dein Tod ist für uns, vor allem für Mutter, das Ende des zweijährigen Hoffens und Bangens mit der immer offenen Frage, wie das alles weitergeht. Du hast mit deiner letzten Entscheidung Klarheit geschaffen. Wir müssen deine Entscheidung akzeptieren und wissen dich trotz allem in Gottes Händen geborgen. Diesen Glauben lassen wir uns nicht nehmen.

Ich wünsche dir jetzt den Frieden, den du in dieser Welt nicht mehr gefunden hast. So wie unsere Mutter, die dich an deinem Sarg so herzlich zu Hause begrüßt hat und mit dir nun an deinem Grab die beiden verlorenen Jahre nachholen will. Schon in der zweiten Nacht nach deinem Tod schloss sie in ihrem Herzen Frieden. Über die Erkenntnis, wie sehr du über den Verzicht deiner geliebten Familie in der Fremde gelitten haben musst, will sie dir nichts nachtragen. Sie vergibt dir. Sie will in ihrem Herzen dankbar bewahren, die guten Erinnerungen in euerm Eheleben. Du hast eine so starke Frau, von der wir so viel lernen können!

Wir glauben an Gott, wir glauben an die Auferstehung und somit an ein Wiedersehen mit dir, meinem Vater. Auch du fällst nie tiefer als in seine Hände, denn Gott spricht: „Nur für eine kleine Weile habe ich dich verlassen, doch mit großem Erbarmen hole ich dich heim“ Jesaja 54,7.

Es vermisst dich sehr, dein Sohn Wolfgang.

Wolfgang W. Kettler, Elektromeister als Ausbilder, Jahrgang 1968, Altenstein

Getragen, weil auch ich trage

Tiefe Traurigkeit hatte mich seit Tagen eingehüllt. Das Baby – mein Sohn – war in meinem Bauch gestorben – viel zu früh hatte es sich auf den Weg gemacht. Ich suchte die Einsamkeit und wollte mich verlieren. Meine Liebsten passten auf mich auf. Sie sorgten für mich und liebten mich in meiner Trauer. Aber ich wollte einfach aussteigen, ich wollte diese Dunkelheit suchen und finden. Ich wollte vor der Leere und dem tiefen Schmerz in mir fliehen. Doch das war nicht so einfach. Wo ich auch hinging, immer wieder wurde ich gefunden: im Bad, im Wohnzimmer, im Garten. Überall tauchten meine Lieben auf, denn sie machten sich Sorgen um mich – zu Recht.

Da schlüpfte ich einfach unters Bett. Ich lag dort regungslos, hörte jemanden meinen Namen rufen. Ich fühlte mich wie Jona im Walfischbauch. Er war vor seinem Schicksal davongelaufen, auch ich wollte mich dem Schmerz nicht stellen.

Ich haderte mit Gott, rief ihn und betete: „Warum? Warum soll ich kämpfen? Gib mir ein Zeichen!"

In diesem Moment, vielleicht waren es auch einige Augenblicke später, spürte ich eine sanfte Berührung am Bein. Meine kleine Tochter kroch wie selbstverständlich auf mich zu, nahm meine Hand und lächelte. So absurd es auch klingen mag, wir lagen schweigend da unter dem Bett und fühlten uns beide getragen.

Nach einiger Zeit, als die Stimmen um uns sehr viel lauter wurden und fast schon hysterisch klangen, flüsterte sie: „Mama!"

In diesem Wort lag alles und noch viel mehr. Ich hatte meine Antwort gefunden, Gott hatte mich gehört. Er schickte meine

Tochter als Zeichen, zeigte mir den Sinn, wofür es sich zu leben lohnt. Abgeschlagen, wie ausgespuckt, krabbelte ich unter dem Bett hervor. So muss sich wohl auch Jona gefühlt haben, als ihn der Walfisch freigab.

Ich stand auf, nahm mein Schicksal an und kämpfte. Ich hatte viele liebende Helfer an meiner Seite, doch der Kampf war der meine. Ein Jahr später bekam ich –welch ein Wunder – doch noch eine gesunde Tochter. Wann immer ich auch falle, ich stehe wieder auf, denn ich werde getragen, weil auch ich trage …

Dagmar Bieler, Diplom Pädagogin, Jahrgang 1973, A-Grodnau

Fürchte dich nicht!

Unfassbar, aber wahr: Unser knapp siebenjähriger Sohn Jonathan hat einen bösartigen Tumor. Nach einem tiefen Schock toben in mir Fragen, Wut und Angst um die Wette. Denn Jonathan ist schwerbehindert und wir haben bereits viel Leid mit ihm durchgestanden. Bei unseren regelmäßigen Untersuchungen in der Uniklinik in Freiburg kamen wir oft am Elternhaus der Kinderonkologie vorbei. Jedes Mal, wenn ich die kahlköpfigen Patienten mit ihren Müttern im Garten neben der Cafeteria sah, war ich dankbar, dass uns das wenigstens erspart blieb.

Doch von heute auf morgen, wie in einem Albtraum, gehörten wir ebenfalls dazu. In meiner Überforderung mit dieser Diagnose und den folgenden Chemotherapien, erinnerte ich mich an die Jahreslosung: *„Denn ich bin der Herr, dein Gott, der deine rechte Hand fasst und zu dir spricht: Fürchte dich nicht, ich helfe dir!"* (Jesaja 41,13).

Kann das dein Ernst sein, Gott?! Du versprichst mir, dich wie ein guter Vater um all meine Bedürfnisse zu kümmern und jetzt das?! Wo bist du? Es ist genug! Hader, Groll und Traurigkeit begleiten mich lange Zeit wie alt vertraute Freunde. An manchen Tagen finde ich keine Worte zum Beten, nur Tränen und Sprachlosigkeit über das, was ich auf der Kinderkrebsstation sehe.

Ich klage: „Gott, in mir ist Furcht!" Doch Gottes Licht durchbricht meine Finsternis immer wieder. Er fasst meine rechte Hand: durch die Gebete unserer Gemeinde, Familien und Freunde, in den zahllosen Geschenken vor der Tür (von den Duftstäbchen bis über kiloweise Heidelbeeren), durch ermutigende Briefe und Karten im Postkasten oder in Begegnungen mit Menschen.

Nun lege ich keinen Wert mehr darauf, irgendwelche Formen zu wahren. Wenn mir die Last zu schwer wird, weine ich. Zu Hause, im Fitnessstudio, im Supermarkt, auf der Straße. Einmal treffe ich auf dem kurzen Weg zum Einkaufen gleich drei Freundinnen, alle zweihundert Meter eine, die mich umarmend trösten oder verständnisvoll mit mir schweigen.

„Fürchte dich nicht!" Jonathan überlebt mit bleibenden Folgeschäden. Erschöpft und aufgewühlt von den Ereignissen der letzten Monate fährt unsere vierköpfige Familie nach Sylt in ein Rehabilitationszentrum für Eltern mit einem krebskranken Kind. Wir genießen die wunderbare Landschaft, das Meer und den Strand. Anfang Oktober ist es so warm, dass wir noch baden können! Mit uns tummeln sich einige Familien aus der Klinik am Spielplatz, tauschen sich aus und tanken neue Kraft.

Zwei Frauen Mitte dreißig stürzen sich vor Kälte prustend ins salzige Wasser und schwimmen ein Stück Richtung Horizont. Dort beginnen sie aufrichtig zu brüllen, die Ohnmacht, der Groll, der Schmerz über die schreckliche Krankheit wollen heraus. Es ist genug! Es ist genug! Vielleicht werden sie von anderen Gästen für verrückt gehalten. Aber das spielt keine Rolle. Was die Kehle zu lange zugeschnürt hat, muss Ausdruck finden, soll in den Wellen und im blauen Himmel verhallen. Die Schicksale der anderen berühren mich sehr. Wo bist du, Gott?! Hast du diese Menschen vergessen? Wie sollen sie ohne dich Trost finden?

Beim Frühstück berichtet mir eine Ärztin, ihr Sohn habe mehrfach davon erzählt, wie Jesus ihm im Traum begegnet sei. Zunächst habe sie es als Spinnerei abgetan, bis Jesus – ebenfalls in Träumen – zu ihr sprach. Da war hellstes Licht und der Zuspruch: „Fürchte dich nicht!" Nun fragt sich die Mutter, ob sie nach einem solchen Erlebnis noch Atheistin bleiben kann? Meine Antwort darauf besteht bis heute aus Gebeten. Kyrie eleison, Herr erbarme dich.

Einmal im Monat findet in der evangelischen Kirche in Wenningstedt ein Kindergottesdienst mit Segnung statt, zu dem insbesondere die Familien des Rehabilitationszentrums eingeladen sind. Überrascht und erfreut stellen wir fest, wie mehr als die Hälfte der Rehateilnehmer dieses Angebot nutzt. Nein, mit der Kirche wollen die wenigsten etwas zu tun haben. Dennoch bleibt nach der existenziellen Erfahrung der Krebserkrankung eine Sehnsucht zurück, welche die Menschen in den Gottesdienst treibt.

Dort empfängt uns ein gut gelauntes Nordlicht, Gitarre spielend. Der Pfarrer begrüßt uns mit warmherziger Offenheit. Alle scheinen sich willkommen zu fühlen. Anstelle einer trockenen Schriftlesung begeben wir uns in ein szenisches Theater. Jeder schlüpft spontan in eine Rolle. Der Altarraum bildet das Schiff, in das die mutigen Kinder-Jünger einsteigen. Der Pfarrer spielt Jesus und schläft, bis der Sturm kommt. Während die Erwachsenen Sturm und Wellen nachahmen, nimmt die Angst der Jünger im Schiff zu. Aus Furcht schreien die Kinder nach Jesus.

„Fürchtet euch nicht!"

Die Worte des Pfarrers hätten nicht deutlicher ins Schwarze treffen können. Jesus kennt die Angst, die wir haben, aber er ist bei uns und lässt uns nie allein. Er beruhigt die Stürme unseres Lebens, indem er mit seinem Licht und seiner Liebe mitten hineinkommt und bei uns ist.

Wie tröstlich ist diese Gewissheit: Leben und Licht, über den Tod hinaus. Als der Pfarrer zur Segnung einlädt, haben sogar die Männer Tränen in den Augen. Eltern tragen ihre Kinder vor den Altar. Erwartungsvolle Blicke richten sich auf den Mann im schwarzen Gewand.

„Gott segne dich, du gehörst zu Jesus." So empfangen die Patienten und ihre Geschwister die Zusage Gottes.

Ich bin sprachlos gerührt und kann nur noch danken. Da höre ich Gottes Stimme: „Ich bin das Licht, das jede Dunkelheit durchbricht. Ich kümmere mich um diese Kinder. Ich bin auch mitten im tiefsten Leid. Ich bin bei ihnen und vergesse sie nicht, schon gar nicht, wenn ich sie zu mir nehme. Ich bin und bleibe derselbe bis in alle Ewigkeit."

Sicherlich ist an diesem Morgen kein Mensch aus dieser Kirche gegangen, der Gottes liebende, umarmende Gegenwart nicht erlebt und im Herzen ergriffen hat. So traurig oder unbegreiflich vieles anmutet, die Grenzen unseres Ertragens und Duldens bei Weitem sprengt, so tief und tröstlich sind Gottes Liebe und seine Verheißungen. Auf seine Art und zu seinem Zeitpunkt nimmt er uns an die Hand und zeigt uns, wie wir allem Unverständnis und Hader zum Trotz bei ihm geborgen sein können.

Vielleicht will Gott unseren Jonathan zu sich nehmen. Vielleicht bleiben uns bis dahin fünf oder zehn Jahre. Seit diesem Erlebnis auf Sylt möchte ich jeden Tag und immer mehr den Himmel denken und fühlen. Denn das Leben ist schön und was nach dem irdischen Leben auf uns wartet, wird noch herrlicher sein.

Sanne Kellner, Lehrerin in Pflegezeit, Künstlerin zwischen Kindern und Küche, Jahrgang 1977, Steinen

Komm, Heiliger Geist

(aus dem Roman: „Die Gebete des Busfahrers“ von Martin Kaminski, erschienen im Verlag am Feld, 2010)

Die Gebete des Busfahrers erzählen aus dem Leben von Berti, dem Busfahrer, seiner Frau Nele, den vier Kindern und Schwiegervater Reinhard. Berti findet mitten in seinem alltäglichen Leben einen Schatz: Die unverkrampfte Zwiespache mit Gott.

Die folgenden Wochen waren für Nele und Berti eine wunderbare Zeit. Nele liebte den Frühling. Mit Heckenschere, Schaufel und allerlei anderem Gartengerät wütete sie voller Inbrunst auf ihrem Grundstück. Wer einmal mit beiden Händen in der Erde gewühlt hat oder das Erfolgserlebnis kennt, einen Baum zu fällen oder auch einen zu pflanzen, der wusste, was sie empfanden.

Kurz vor Pfingsten sollte also wieder einmal „gefällt“ werden. Berti machte so etwas immer selbst. „Männersache“, tönte er auch diesmal und verzichtete auf alle angebotene Hilfe. Sein Nachbar Frank sah ihm zu, wie er mit Kettensäge und Leiter bewaffnet auf den Baum zuging.

„Na, der Mann und sein Baum, wie?“, rief er fröhlich über den Zaun. „Ich behalte dich im Auge.“

Berti legte die Leiter an und begann zunächst mit ein paar „kosmetischen Schnitten“, wie er es nannte. Niklas sah ihm von der Schaukel aus zu. Ihn beeindruckte das Lärmen der Kettensäge und die Größe der Leiter. Nachher würde er wie immer ein bisschen klettern dürfen, darauf freute er sich schon. Berti dünnte die Krone aus und nahm dem Baum die Spitze. Er setzte gekonnt Diagonalschnitte und die Äste fielen punktgenau an die Stellen, die er dafür vorgesehen hatte.

Nur den noch – dachte Berti und beugte sich mit der Kettensäge relativ weit vor. Er wusste in diesem Moment genau, dass es besser wäre wieder herunterzusteigen und die Leiter zu versetzen. Aber so war er. *Wird schon gehen, das passt schon* – redete er sich selbst ein und hörte als Nächstes Niklas' Schrei. Die Kettensäge fiel etwa vier Meter in die Tiefe und Berti hatte das Gefühl, in der Luft zu schweben.

Berti stürzte zunächst nach links und versuchte noch erfolglos, sich mit dem rechten Arm am Stamm festzuhalten. Berti stürzte und hatte das Gefühl, minutenlang in der Luft zu sein. Er dachte daran, wie oft er schon „Glück" in solchen Situationen gehabt hatte. Er dachte an seinen Motorradunfall als Jugendlicher und an den Tag, an dem er vom Dach gerutscht war, als er den Kamin säubern wollte. Er dachte an die Karambolage auf der A3 und an die Nacht, in der er mit seiner ganzen Familie auf der schneeglatten Eifelstraße im Straßengraben gelandet war. Alles war immer gut gegangen. Dieses Mal, so fürchtete Berti, würde es anders sein. Die Fallhöhe war einfach zu hoch und unten wartete die Rasenkante aus Beton. Es war zu spät, um sich zu drehen und die Füße nach vorn zu bringen. Berti stürzte rückwärts, dachte an seine Kinder und sah sich im Rollstuhl die Einfahrt hoch kommen. Er dachte an seinen Beruf und die viele Zeit, die man als Frührentner hatte. Vielleicht würde er ein Buch schreiben, eines für Kinder, davon hatte er schon immer geträumt, es sich bis jetzt aber nie zugetraut.

Berti fiel und fiel und fiel.

Niklas schrie und schrie und schrie.

Kurz vor dem Aufprall hatte er eine Idee.

Ich kann nun nichts mehr tun, Gott. Und ich weiß, dass ich selber schuld bin. Ich hätte vernünftiger sein müssen und dich und mich nicht in diese Lage bringen sollen. Nun falle ich aber hier so vor mich hin und habe den Eindruck, dass sich gleich Panik einstellen könnte. Könntest du dir vorstellen, mir irgendwie zu Hilfe zu kommen? Ich möchte auch nicht, dass Niklas seinen Vater sterben sieht, verstehst du? Ich bin verzweifelt. Bitte hilf mir Gott. Bitte jetzt!

Berti hatte noch nie bewusst ein Wunder erlebt. Jetzt aber war es so weit. Kurz bevor die Betonrasenkannte seine Lendenwirbelsäule zertrümmern konnte, warf Gott mit märchenhafter Leichtigkeit die Aluminiumleiter unter seinen Hintern. Es krachte noch nicht einmal, nur ein dumpfes „Bump" war zu hören. Berti ächzte auf und blieb liegen. Sofort wusste er, dass er zwar im Augenblick keine Luft bekam, sich aber nicht schwer verletzt hatte. Wie in Zeitlupe sah er von links Nele und von rechts Frank auf sich zu eilen. Nina rannte auf Niklas zu, weil sie dachte er hätte sich wehgetan. Niklas jedoch saß nur mit offenem Mund auf der Schaukel und sagte keinen Pieps mehr.

„Lasst mich einen Moment liegen, einen Moment nur", japste Berti. „Ich hole den Krankenwagen", rief Nele, aber Berti hielt sie am Arm fest. „Nein, das ist nicht nötig. Es geht, es wird gehen. Ich werde gehen."

Frank stützte seinen Freund und murmelte vor sich hin, wie bescheuert man eigentlich sein müsse, um auf eine solche Leiter zu steigen, ohne dass sie jemand festhielt und dann auch noch mit der Kettensäge in der Hand.

„Ist ja gut. Hast ja recht", sagte Berti und strich der vor Sorge weinenden Nele über die Wange. Alle Kinder, Nele, Frank und auch Karin standen nun um ihn herum.

Gott selbst hatte sich ein Stück abseits hingesetzt und sah Berti vorwurfsvoll an:

„Mensch Berti“, flüsterte Gott. *„Glaubst du eigentlich, das geht immer so aus? Das nächste Mal könntest du tatsächlich im Rollstuhl sitzen. So etwas Idiotisches! Pass bloß auf! Du sollst den Herrn deinen Gott nicht versuchen!“*

Berti hatte verstanden. Und er nahm sich wirklich vor, nie wieder vorsätzlich so unvorsichtig zu sein. Er hatte noch lange etwas von diesem Nachmittag. Das Hämatom war zwar im Prinzip ungefährlich, aber doch so groß und schmerzhaft, dass er drei Wochen am Stock ging und allerlei Medikamente nehmen musste.

Berti hatte durch seinen Sturz vom Baum wieder etwas gelernt. Es gab den Heiligen Geist. Nun hatte er eine konkrete Vorstellung davon. Dieser Geist konnte Menschen erfüllen und Räume, sogar Dinge bewegte er mühelos, wenn es ihm passte.

„Ja, er weht wo er will, ergreift uns oder lässt uns liegen“, sagte Reinhard, als Berti ihm von seiner Glaubenserfahrung berichtete.

Berti hatte das Rauschen, von dem die Bibel in der Pfingstgeschichte erzählt, an jenem Nachmittag in seinem eigenen Garten gehört. Und Niklas hatte es auch gehört, da war Berti ganz sicher.

Im Kindergarten erzählte er ein paar Tage später der lustigen Pfarrerin, dass Jesus seinem Vater eine Leiter unter den Po geworfen hätte. Jesus habe das mit Heiligem Geist gemacht, einer Art himmlischer Zauberkraft.

Die lustige Pfarrerin war tief beeindruckt und fragte Berti, ob sie diese Geschichte für den Gemeindebrief aufschreiben dürfe.

„Auf gar keinen Fall, Frau Pfarrerin“, sagte Berti. „Ich möchte nicht, dass die Leute mich für verrückt halten. Außerdem denke ich, dass das eine Sache zwischen Gott und mir war. Aber fragen Sie mich in fünf Jahren ruhig noch mal."

„Falls Sie dann noch leben, werde ich es tun", entgegnete sie lachend.

„Sehr witzig", sagte Berti, nahm Niklas an die Hand und schlenderte über den Friedhof nach Hause. Sie kamen am Grab von Marius vorbei. Niklas legte ein Gänseblümchen auf den Grabstein und sagte: „Der hat nicht so viel Glück gehabt wie du."

„Nein, das verstehe ich auch nicht. Ich frage mich, ob das nicht unfair ist."

„Ha? Wie unfair?"

„Na ja, warum lebe ich und er nicht?"

„Weil du mein Papa bist. Du kannst nicht tot sein."

„Ach so. Na dann …"

Berti betete an diesem Abend für alle, denen Gott, warum auch immer, keine Leiter unter den Hintern geworfen hatte. Davon gab es so viele, dass Berti ganz verzweifelt war. *Warum, Gott? Warum? Warum passiert so viel unermessliches Leid?*

Auf eine Antwort wartete er vergebens. Gott war eben Gott. Das hatte Reinhard ja schon gesagt.

Martin Kaminski, Diakon, Jahrgang 1968, Bonn

Ich weiß, dass mein Erlöser lebt!

Mein Mann Rudi hat im Januar 2010 die Nachricht erhalten, dass er an einer berufsbedingten Krebserkrankung leidet, für die es keine Hoffnung auf Heilung gibt. Die Überlebensperspektiven wären eher mittelfristig, konkret höchstens ein paar Jahre. Allenfalls könne man das Ende hinauszögern, teilte man uns mit. Um dies zu erreichen, wurden Klinikaufenthalte, Operationen, Chemotherapien und Strahlenbehandlungen über mehrere Monate hinweg durchgeführt.

Mitte des Jahres 2011 ging es Rudi immer schlechter, und Anfang September wurde uns eröffnet, dass weitere Therapien wegen der fortgeschrittenen Erkrankung „keinen Sinn mehr hätten" und man ihm nur noch das Sterben erleichtern könne. Ab diesem Zeitpunkt hat sich Rudi sehr zielstrebig auf sein Lebensende vorbereitet.

Zu einer Freundin hatte er sogar bereits Mitte Juni gesagt: „Ich möchte meinen Tod bewusst *erleben* – auch wenn sich das jetzt als ein Widerspruch anhört."

Rudi war schon in jungen Jahren Mitarbeiter in unserer Kirchengemeinde, dort zwölf Jahre lang als Ältester, und im CVJM (Christlicher Verein Junger Menschen), wo er sich über zwanzig Jahre lang in der Jugendarbeit engagiert hat. Die jungen Menschen kamen gern in seine Kreise, auch wenn er (Originalton Rudi) *lausige Bibelarbeiten* hielt, das aber immer mit brennendem Herzen für Jesus tat. Er war eher der Fußballspieler, Organisator des Rahmenprogramms und der Freizeiten. Außerdem verbrachten die jungen Männer aus seinen Jugendgruppen gern ihre Freizeit in unserer größer werdenden Familie – wir hatten inzwischen vier Kinder, die wir auch auf die Jugendfreizeiten mitnahmen.

In seinen letzten Lebenswochen war es Rudi nicht mehr möglich, am Gemeindeleben teilzunehmen. Er war ans Haus und zuletzt ans Bett gefesselt, wo ihn viele Menschen aus unserer Gemeinde und Kollegen besuchten. Darunter waren auch einige der Jugendlichen aus seiner *aktiven Zeit als Jugendgruppenleiter*, die inzwischen selbst Familienväter und teilweise erfolgreiche Unternehmer waren. Sie berichteten alle von ihren vielfältigen Erlebnissen mit Rudi in der Jungschar, die sie sehr geprägt hatten. Und als der Posaunenchor unseres CVJM Rudi in unserem Garten ein Ständchen brachte, mit Liedern, die er sich ausgesucht hatte, erwähnte der Chorleiter in seiner kleinen Ansprache, dass viele der Bläser ohne ihn nicht dabei wären.

Die Besucherströme rissen auch in der Folgezeit nicht ab. Jeder, der an seinem Bett saß, nahm ganz persönlich etwas von Rudi mit. Er hat mit Menschen gesprochen, bei denen er meinte, mit ihnen noch etwas klären zu müssen. Auch war er sich bewusst, dass er nicht alle Schuld ausräumen konnte, weil er vielleicht unbewusst an jemandem schuldig geworden war. So baten wir unsere zwei engsten Vertrauten, mit uns das Abendmahl zu feiern, wobei Rudi sich Vergebung zusprechen ließ.

Auch für seine Beerdigung hatte er Vorsorge getroffen. Als Predigttext erbat er sich die Geschichte aus der Offenbarung über die Gemeinde in Laodizea und begründete seine Auswahl mit seinen Gedanken darüber, ob unser Glaube lau oder brennend ist. Diese Frage beschäftigte ihn in den letzten Wochen vor seinem Tod sehr. Nachdem er sich all diese Gedanken gemacht hatte, konnte er schließlich freudig die Gewissheit in Anspruch nehmen, dass Gott ihn mit offenen Armen empfangen wird.

Nur um eines galt es sich noch zu kümmern, nämlich einen unserer Söhne, der sich in einem Auslandsaufenthalt befand, zu bitten, diesen zu unterbrechen und heimzukommen, da wir befürchteten, dass Rudi den geplanten Rückreisetermin nicht mehr erleben würde. Auch dieser Wunsch Rudis hat sich erfüllt, und er konnte sich von jedem seiner Kinder persönlich verabschieden. Als Familie und Freundeskreis haben wir es sehr geschätzt, dass wir diese letzte Zeit ganz intensiv mit Rudi verbringen konnten. Und schließlich kam er an den Punkt, an dem er sagte: „Ich warte jetzt auf den Engel, der mich in meine himmlische Heimat abholen wird."

Nur kurze Zeit später ist er in großem Frieden heimgegangen. Und so konnte ich im Vertrauen darauf, dass mein geliebter Mann damit einverstanden sein würde, den Vers für seine Todesanzeige auswählen: *Siehe, ich sende einen Engel vor dir her, der dich behüte auf dem Wege und bringe dich an den Ort, den ich bereitet habe* (2. Mose 23,20).

Ingrid Schäfer, Sekretärin, Jahrgang 1958, Remchingen-Wilferdingen

Reich beschenkt mit Leben

Meine Eltern haben sich früh getrennt. Ich erinnere mich, dass ich eine Weile bei meinem Vater und seiner neuen Familie in Süddeutschland wohnte. Dort fühlte ich mich wohl. Ich erlebte, wie mein Vater damals mit dem Jugendamt um mich kämpfte, damit ich dortbleiben konnte. Es kam anders und ich musste zurück zu meiner Mutter. Dies hinterließ eine tiefe Wunde in mir. Doch eines trug ich seitdem tief verankert in meinem Herzen: *Mein Vater wollte mich!* Diese tiefe Gewissheit hat mich mein Leben lang durchgetragen. Nichts und niemand konnte mir dies mehr nehmen!

Fortan lebte ich also mit meinen zwei Brüdern bei meiner Mutter in Norddeutschland. Eine emotional lieblose Zeit in meinem Leben, die von traumatischen Erlebnissen geprägt wurde. Davon eingeschüchtert, verstummte ich. Mein Rückgrat verkrümmte, meine Seele erkrankte schwer. Oft fragte ich mich in dieser Zeit: *Leben – ja, wozu denn bloß?* Der Gott, den ich mit meiner Kinderseele anflehte, mir zu helfen, der antwortete mir nicht. Ich fühlte mich sehr verlassen.

Als ich mit 13 Jahren ins Kinderheim kam, bemühte man sich sehr um mich. Doch es gab keinen Zugang mehr zu meinem Inneren. Ich lebte innerlich zurückgezogen und der Kontakt zu Menschen löste Ängste in mir aus. Selbst für den behandelnden Psychiater war ich ein hoffnungsloser Fall.

In meiner tiefsten Verzweiflung schickte Gott mir einen Engel in Menschengestalt: Barbara, eine Seelsorgerin, die mich liebevoll ein Stück meines Weges begleitete. Durch sie erhielt ich die

Chance, mich auf meine besondere Art und Weise mitzuteilen und meine Mauer des Schweigens stückweise abzubauen. Vertrauen wuchs wie ein zartes Pflänzchen in mir heran. Ich sprach in Bildern, die ich zu Collagen zusammenfügte. Barbara verstand nur all zu gut. Nach etlichen Collagen kamen immer mehr Worte dazu. Ich schrieb mir in lyrischen Texten vieles von der Seele und teilte es mit. Schrittweise kam ich mir selbst wieder näher. Barbara legte damals den Grundstein, der mir meine weitere Entwicklung erst ermöglichte.

Im Sommer 1983 geschah etwas völlig Unerwartetes: Mein jüngerer Bruder rief mich an und erzählte: „Ich war bei unserem Vater!"

WOW! Diese Nachricht schlug ein wie eine Bombe! Unbeschreiblich, was da in mir vorging. Meine erste spontane Frage war: „Wie ist er denn so? Erzähl mal." So erhielt ich einen ersten kleinen Einblick. Mein Bruder jedenfalls wurde dort von allen herzlich aufgenommen, was auch mir Mut gab.

„Meinst du, ich könnte ihm mal einen Brief schreiben?", fragte ich ihn.

Mein Bruder meinte: „Unser Vater würde sich bestimmt darüber freuen."

Unzählige Emotionen und Fragen tobten in meinem Herzen. All die angestaute Vatersehnsucht überkam mich. Die tiefe Gewissheit von damals stellte ich nun bange infrage: *Ob mein Vater mich HEUTE auch noch lieb hat, ob er mich so akzeptiert, wie ich geworden bin?* Unsicherheit und Angst ergriffen mich. Ich schrieb also meinen ersten Brief an meinen Vater und las sehnsüchtig seine Antwort, die ein paar Tage später eintraf. Ich war überglücklich über seine lieben Zeilen.

Im November 1983 fuhren mein Mann und ich mit unserer Tochter und unserem ungeborenen Sohn (ich war gerade schwanger) zu meinem Vater und seiner Familie nach Süddeutschland. Je näher wir dem Ziel kamen, desto aufgeregter war ich. Was erwartete uns?

Die Ehefrau öffnete uns die Tür. Mein Vater war noch auf Arbeit und wir warteten gespannt auf ihn. Wie würde er wohl aussehen, mein Vater?

Schließlich öffnete sich die Haustür: Nun konnte ich ihn endlich in die Arme schließen, meinen Vater. Ein erstes Beschnuppern war angesagt.

So viele Fragen, die ich nun zum ersten Mal stellen konnte, wurden beantwortet. Ich durfte Zusammenhänge erkennen, verstehen und begreifen. Besonders freute ich mich auf ein paar Fotos und Schriftstücke von früher. Von nun an hielten wir Kontakt zueinander und ich lernte im Laufe der Jahre viele weitere Familienmitglieder kennen.

Im Dezember 1986 geriet ich in die nächste Lebenskrise: Mein schwer an Depressionen erkrankter Ehemann nahm sich im Alter von 30 Jahren das Leben. Nun verloren meine beiden Kinder ihren Papa. Ich erfasste intuitiv, was das für sie bedeutete.

Mein Vater besuchte uns regelmäßig. Seine lebensbejahende und positive Lebenseinstellung wirkten ansteckend auf mich. Wir lernten uns immer besser kennen und schätzen. So viele Gemeinsamkeiten verbanden uns.

Im Frühjahr 2010 erkrankte mein Vater plötzlich schwer. Meine Familie informierte mich am Telefon. Die Ärzte in der Klinik bangten um sein Leben. Das war ein schwerer Schock für mich. Sollte ich meinen geliebten Vater jetzt schon wieder verlieren müssen? Ich flehte zu Gott, er möge meinen Vater doch retten.

Es folgten Monate zwischen Bangen und Hoffen. Immer wieder kämpfte mein Vater sich hoch, immer wieder verließen ihn erneut seine Lebenskräfte.

Dann war da noch der ausdrückliche Wunsch meines Vaters, dass ich ihn niemals gebrechlich oder hilflos sehen sollte. Er hatte mir früher oft gesagt, dass ich ihn immer genau so in Erinnerung behalten sollte, wie ich ihn erlebt habe. Instinktiv spürte ich die enorme Bedeutung dahinter und fuhr nicht zu ihm ins Krankenhaus. Mit dieser Haltung nahm ich ihn als Menschen ernst und ließ ihm damit seinen letzten Stolz, denn er war stets ein starker Mann gewesen.

Etwas Unvorhergesehenes passierte mit mir: Ich fühlte mich in aller Traurigkeit, in allem Schmerz so unbeschreiblich tief getragen von Gott, meinem himmlischen Vater. Nach anfänglichem Hadern im Gebet durchströmte mich eine unbeschreibliche Kraft und Stärke, dieses alles auszuhalten, ohne daran zu zerbrechen. Ich wurde in die Lage versetzt, meinen geliebten Vater *wirklich* loslassen zu können, und ich spürte sehr deutlich in mir, wie wichtig es war, ihm dies auch mitzuteilen. Damit er diese Welt verlassen konnte, ohne sich um mich zu sorgen. Aus tiefer Liebe zu meinem Vater griff ich zum Telefon und sagte ihm: „Ich lasse dich gehen, wenn es sein muss. Mir ist es wichtig, dass du das weißt."

Etwas später, am 16. August 2010, rief mich mein Bruder an und berichtete mir, dass unser Vater im Pflegeheim verstorben war. Ich verabschiedete mich innerlich von ihm, im festen Glauben daran, dass er nun befreit von allem Schmerz und Leid in Gottes friedliches Reich übergewechselt war.

Und Gott wird abwischen alle Tränen von ihren Augen, und der Tod wird nicht mehr sein (Offenbarung 21,4).

Mit tief empfundener Dankbarkeit im Herzen bin ich meinem Vater heute noch sehr nah und spüre unsere innige Verbundenheit im Herzen. Ich sehe ihn – seinem Wunsch entsprechend – in meinen Erinnerungen unversehrt!

Wo ich mich früher von Gott verlassen fühlte, da erlebe ich heute seine bedingungslose Liebe zu mir, die mich sicher trägt, auch in stürmischen Zeiten. Wie ein Kind – an der Hand seines Vaters verlässlich gehalten –, so entdecke ich das Leben, wachse im Glauben und genieße meine Lebensenergie. Durch meine Erlebnisse bin ich heute in der Lage, meinen Mitmenschen mit einem intensiven und hochfeinen Gespür zu begegnen und sie zu ermutigen, nicht aufzugeben.

Was bei den Menschen unmöglich erscheint, ist bei Gott möglich! (Lukas 18,27)

Gott kann einen zerbrochenen Menschen zu einem lebensfrohen Menschen umwandeln. Mein Lebensweg ist der Beweis dafür.

Anjuna Siebrands, Frührentnerin, Jahrgang 1961, Stade

Zwei Bäume im Wald

Wer ist eigentlich zuerst da gewesen? Sie wussten es selbst nicht mehr. Hatte zuerst die Buche ihren Samen aufgesprengt und eine erste zarte Wurzel in den lockeren Waldboden getrieben? Oder war es die Eichel, die, von einem Eichhörnchen in winterlicher Vorsorge verscharrt, ihren Keim dem Licht zuerst entgegengestreckt hatte?

Solange sie beide denken konnten, war der andere da. Und so wuchsen sie miteinander auf, gruben ihre Wurzeln immer tiefer in den gleichen nahrhaften Boden. Nach einigen Jahren erreichten sie gemeinsam die Größe, aus der sie zum ersten Mal das Unterholz überragten und einen verstohlenen, schüchternen Blick in die Runde werfen konnten.

Sie sahen, dass sie an einem Hang standen, mit vielen alten und zahlreichen junge Bäumen um sie herum. Wenige Meter unter ihnen endete der Hang in einem See. Jetzt kamen sich beide schon richtig groß vor, neigten sich gleichzeitig im Wind und berührten einander behutsam mit ihren immer größer werdenden Kronen.

Ja, vorsichtig gingen sie miteinander um, überlegten lange, welchen Zweig sie zum Ast werden ließen, sollte er doch die Freundin nicht behindern. Zärtlich und fürsorglich waren sie – meistens. Doch manchmal kamen sie sich zu nahe und sie rieben sich aneinander. Und in stürmischen Zeiten schlugen ihre Äste aneinander, sie verletzten sich gegenseitig und ihre Rinde riss auf. Aber jedes Mal gelang es ihnen, einander zu vergeben und die Stellen gegenseitig zu versorgen. So trugen sie die zurückbleibenden Narben voller Stolz als sichtbares Zeichen ihrer immer tiefer gewordenen Freundschaft. War dies doch nicht selbstverständlich: Mit der Frühlingsbrise wurden in jedem Jahr wieder neue Gerüchte und Geschichten durch den Wald getragen …

Der alte knorrige Nussbaum war gefällt worden! Die jungen Espen tuschelten aufgeregt und zugleich erleichtert durcheinander, hatte doch der Alte sie immer so komisch angesehen, besonders wenn ein leichter Windhauch durch ihre silbernen Kleider fuhr und ihre jugendliche Schönheit so wunderbar zur Geltung brachte.

Der Tannenbaum, der so hoch gewachsen war, war umgefallen. Die Alten nickten mitleidig und betrübt, hatte er sich doch nicht überzeugen lassen, seine Wurzeln tiefer in den Grund zu treiben. Immer wieder hatte er betont: „Ich schaffe das schon allein, macht euch keine Sorgen, ich brauche das nicht!“– und nun wurde er von einer leichten Böe überrascht und mit seinem Ballen herausgerissen.

Die Kastanie hatte immer mit ihrer großen, gesunden Krone geprahlt – und jetzt war sie einfach so auseinandergebrochen – nie hätten die Nachbarbäume gedacht, dass ihr Stamm so hohl war! Kopfschüttelnd flüsterten sie miteinander: „Dass sie nie gesagt hat, wie es ihr wirklich geht!“

Und beim Hören dieser Geschichten wurden sie immer dankbarer. Dankbar für den festen Grund, auf dem sie standen. Dankbar für ihre Freundschaft. Es war so gut, dass es den anderen gab! Sie hatten sich gegenseitig ermuntert, immer tiefere Wurzeln zu graben. Sie hatten sich immer gegenseitig geschützt, wenn andere zu nahe kamen. Sie konnten sich immer gegenseitig sagen, wie es in ihnen wirklich aussah! Ja, ihre Freundschaft war schon etwas Kostbares.

Einmal schaute die Buche in die Höhe: Ihre Krone war so stark mit der Eiche verwoben! Unglaublich, wie dicht sie beieinanderstanden. Und unmöglich, sich die eigene Krone ohne die der anderen vorzustellen! *Wenn sie nicht wäre, dann wäre meine Krone voller Lücken, ich bin nur mit ihr komplett!*, dachte die Buche in einem lauten Seufzer. Durch den Seufzer aus ihren Herbstträumen gerissen, schaute die Eiche herüber und wusste sofort den Blick ihrer Buche zu deuten – sie kannten sich einfach zu gut!

Das Unheil nahte aus Nordost.

Hatte der Hang sie bisher von allen Stürmen des Lebens verschont, indem er als hoher Schutzwall in ihrem Rücken lag, so kam der Angriff diesmal aus der unerwarteten, offenen Seite – über den See. Der Sturm fegte durch ihre Zweige und riss ihnen die Blätter herunter. Er zerrte an den Ästen und drückte gegen den Stamm. Gemeinsam stemmten sie ihre Wurzeln in den Boden, jeder noch so kleine Ast wurde genutzt, um den anderen zu stützen. So kämpften sie, stützten sich gegenseitig und gaben nicht auf, eine lange nicht enden wollende Sturmnacht hindurch. Als mit dem Morgengrauen endlich der Wind nachließ, atmeten sie auf. Gleichzeitig mit der Erleichterung über den eigenen Sieg kam die Freude, dass auch der andere es geschafft hatte!

Doch der Sturm hatte seinen Tribut gefordert, einige Äste und Zweige hatten sie eingebüßt, und standen sie einst gerade und aufrecht, so neigten sie sich jetzt leicht zur Seite, hatte der Sturm sie doch fast zu Boden geworfen.

Aber sie standen noch! Beide!

Gemeinsam dem Sturm widerstanden zu haben, machte ihre Freundschaft endgültig unantastbar. Von den vielen Jahren, die sie beieinanderstanden, waren die jetzt folgenden die schönsten. Sie genossen ihre Nähe, freuten sich am Leben und am Wachsen des anderen und sahen unter ihnen immer wieder neue Buchen und Eichen das Unterholz durchbrechen.

Ging die Buche zuerst, oder die Eiche?

Die Leute im Dorf konnten es nicht mehr sagen. Zuerst wurde einer von ihnen die morsche alte Krone abgenommen, Jahre später dann auch der anderen. Zurück blieben ihre mächtigen hohen Stämme und ein Aststumpf der Eiche, die damit in einer letzten Umarmung ihre Buche berührte. Ihre dicken Borken, einst ihr Schutz, blätterten nun ab und fielen zu Boden. Ihre nackten, toten Stämme blichen in der Sonne aus.

Ein Paar ging am Seeufer unter ihnen spazieren.

„Sieh nur, wie eng die beiden Bäume beieinanderstehen!“, sagte sie.

„Ja“, nickte er, „die beiden sind miteinander aufgewachsen und sind miteinander verbunden – über den Tod hinaus.“

Randolf Hergenhan, Architekt und Brandschutzplaner, Jahrgang 1970, Klein Flintbek bei Kiel

Durch viele tiefe Täler hindurch

Aufgewachsen bin ich als Einzelkind in Köln. Meinen Vater habe ich lange Jahre nur als denjenigen wahrgenommen, der arbeiten geht und das Geld verdient und ansonsten müde ist und Ruhe braucht. Meine Mutter erlebte ich als fresssüchtig, alkohol- und tablettenabhängig, beziehungssüchtig, ärztehörig und manisch depressiv.

Aufgrund dieser Konstellation erlebte ich eine Kindheit, die mich unweigerlich zum sozialen Außenseiter machte und in einer frühkindlichen Beziehungsstörung gipfelte. Begründet durch diese Störung wurde ich im Alter von dreizehn Jahren zu einem zwölfmonatigen Aufenthalt in ein heilpädagogisches Heim geschickt, was eigentlich das Beste war, was mir in dieser Situation hat passieren können. Nach meiner Zeit im Heim habe ich begonnen, mich von zu Hause und meiner Mutter zu lösen. Doch ich war nicht allein, denn durch mein Engagement im Roten Kreuz und in meiner Gemeinde war meine Freizeit voll und ganz ausgefüllt.

Kurz vor Beendigung der Realschule bekam ich ein besonderes Angebot: Der Schwiegervater des Predigers meiner Gemeinde wollte mich in die USA mitnehmen, wo ich an einem christlichen College hätte studieren und mir das Studium durch Deutschunterricht finanzieren können. Ich hatte jedoch Angst vor diesem großen Schritt und wollte unbedingt eine Ausbildung zum Krankenpfleger beginnen, meinem Traumberuf. So kam es, dass ich 1980 die Ausbildung an einem der besten Krankenhäuser der Stadt begann.

Weil ich bereits beim Roten Kreuz einige krankenpflegerische Erfahrungen gesammelt hatte, setzte man mich gleich auf der „Sterbestation“ ein. Dies setzte mich unter einen enormen psychischen und körperlichen Druck, was zur Folge hatte, dass ich das Lernpensum nicht mehr schaffte und auch in der Pflege immer weniger leisten konnte. Ich entdeckte den Alkohol als Entspannungshilfe und vermeintlichen Problemlöser zugleich. Schließlich musste ich nach insgesamt neun Monaten meine Ausbildung abbrechen.

Zum Glück hatte ich einen Plan B und ging zur Bundeswehr, wo ich mich für die kommenden acht Jahre verpflichtet hatte. Doch dieser Plan ging leider nicht auf, denn durch einen Fehler bei der Musterung war meine Kurzsichtigkeit nicht beachtet worden und ich musste nach nur 16 Tagen meinen Dienst wieder aufgeben.

Obwohl ich zunächst einmal arbeitslos war, zog ich endgültig aus der elterlichen Wohnung aus. Ich versuchte es dann mit der Selbstständigkeit, was jedoch nicht sonderlich von Erfolg gekrönt war, denn ich landete immer häufiger statt zu arbeiten in der Kneipe.

Letztlich kam, was kommen musste: Ich verlor meine Wohnung und meine Arbeit. Auch meine Gemeinde konnte mit meiner Krankheit, die ich damals absolut noch nicht als solche betrachtete, nichts anfangen und ich wurde ausgeschlossen.

1985 landete ich in einem Männerwohnheim der Heilsarmee. Zunächst lebte ich dort als Klient und später bot man mir dort eine Stelle an. Dem Heimleiter war es sehr wichtig, dass ich mich erneut um einen Ausbildungsplatz kümmerte, was mir auch gelang, sodass ich in einem gewerkschaftseigenen Unternehmen eine kaufmännische Ausbildung begann. Parallel dazu wurde ich in der gewerkschaftlichen Jugendarbeit aktiv. Hier lernte ich auch meine erste Frau kennen.

Wir entschieden uns, zu heiraten. Doch an dem Tag, an dem wir die letzten Verlobungsanzeigen zur Post brachten, stellte sich ein „Unwohlsein" als Schwangerschaft heraus. Ein herber Schlag für jemanden, der gerade dabei war, sein Leben wieder einigermaßen im Griff zu haben. Glücklicherweise waren wir in dieser Situation nicht allein, denn ein mit uns befreundetes Paar aus der Heilsarmee, das damals in Ulm seinen Dienst versah, vermittelte uns innerhalb einer Woche eine Wohnung und mir einen Job. Es folgte eine sozial begründete Blitzheirat verbunden mit einem Umzug nach Ulm als Hochzeitsreise. Zunächst lief alles ganz gut. Wir befanden uns in einer tollen Umgebung, ich hatte einen guten Job und wir wurden in unserer neuen Gemeinde warmherzig willkommen geheißen. Dazu kam natürlich auch unsere Vorfreude auf das Baby …

Aber das Leben in Ulm hatte auch seine Schattenseiten, denn als Rheinländer sprach ich weder die Sprache der Schwaben, noch hatte ich deren Mentalität, und dann wollte ich dort auch noch Versicherungen an den Mann bringen. Dazu kam, dass recht schnell Kind Nummer zwei zur Welt kam und ich deshalb überhaupt nicht mehr Herr der Lage oder gar meiner selbst war.

Nach insgesamt drei Jahren brachen wir in Schwaben unsere Zelte wieder ab und zogen zurück in die Nähe von Köln. Leider setzte sich dort aber fort, was in Ulm bereits massive Formen angenommen hatte: mein fortgesetzter und regelmäßig steigender Alkoholkonsum. Kurze Zeit später eskalierte dann die Situation und ich wurde gegen meine Frau gewalttätig, woraufhin sie mich mit den Kindern verließ und ich völlig abstürzte. Dieser Absturz ging so weit, dass ich schließlich in einer Obdachlosenunterkunft landete.

Es folgte eine Zeit, in der es immer mehr mit mir bergab ging. Therapien und Phasen der Wiedereingliederung wechselten sich mit alkoholbedingten Abstürzen und Entgiftungsaufenthalten in Kliniken ab. Diese Zeit gipfelte schließlich in der Einweisung in die Psychiatrie, nachdem ich versucht hatte, mich aus dem Fenster einer Klinik zu stürzen.

Wieder etwas klarer bei Sinnen, fragte mich die behandelnde Ärztin in der geschlossenen Abteilung, ob ich nicht doch noch einen Therapieanlauf unternehmen wolle. Trotz meiner Bedenken, die aus meinen schlechten Erfahrungen und einem kaputten Selbstwertgefühl resultierten, sagte ich Ja und durfte kurze Zeit später in eine Fachklinik bei Bielefeld einrücken. Der Aufenthalt dort sollte eine wirkliche Wende in meinem Leben bedeuten. Nicht nur, dass ich hier hinsichtlich meines Suchtverhaltens wichtige Einsichten und Veränderungen erfahren durfte, auch der Klinikpfarrer – ein Schwabe – hatte einen großen Anteil an meiner seelischen Gesundung.

Nachdem ich meine Zeit in Bielefeld schließlich beendet hatte, ging ich nach Duisburg, wo ich meine Therapie fortsetzte. Dort habe ich dann später die Mitarbeit in einer Selbsthilfegruppe begonnen und eine Ausbildung als ehrenamtlicher Suchtkrankenhelfer gemacht.

Auch auf der Beziehungsebene habe ich nach mehreren Frauengeschichten Heilung erleben dürfen. Am 14.04.2005 lernte ich meine jetzige Frau Claudia kennen, mit der ich seit September 2006 verheiratet bin. Unsere Beziehung, in der ich erstmals mit voller Breite und in ganzem Ausmaß erfahren und erleben darf, ohne Vorbehalte und Vorleistung von einem Menschen geliebt zu werden, ist sicher nicht einfach – wenn zwei Menschen mit über vierzig Jahren sich zusammentun, gibt es genug „Zündstoff" –, aber wir dürfen uns immer wieder bewusst machen, einander zu lieben, füreinander einzustehen und vor allem uns beide und zusammen von Gott geliebt und getragen zu wissen.

Diese Liebe möchte ich aufgrund meiner Geschichte ganz besonders an orientierungslose Jugendliche, Süchtige und Obdachlose weitergeben. Sie sollen genauso wie ich erfahren, dass Gott ihnen nahe ist.

Jürgen Siech, Jahrgang 1961, Bad Vilbel

Arbeitslos – Glaubenslos?

Können Sie sich vorstellen, auf einmal gleich mehrere „Bergab-Geschichten“ zu erleben?

Nach einem auslaufenden Jahresvertrag bin ich arbeitslos. Meine Frau kommt mit einem Bandscheibenvorfall ins Krankenhaus. Die Eigentumswohnung in Stuttgart ist nicht verkauft, aber ein zweites Objekt bereits finanziert. Und das Auto gibt den Geist auf. Das alles passiert zur selben Zeit.

In meinem bisherigen Glaubensleben gab es immer mal wieder einen Schlag, aber so massiv hatte ich noch nie zu kämpfen gehabt. Doch nun alles der Reihe nach.

Mit welcher Freude waren wir vom Wirtschaftsraum Stuttgart nach Singen gezogen, denn ich hatte einen Arbeitsplatz als Sicherheit für die Zukunft gehabt. Nie habe ich infrage gestellt, dass nach einem Jahr mein Jahresvertrag verlängert werden würde. Wo bliebe denn da mein Gottvertrauen, schließlich hatten wir doch alles im Gebet vor ihn gebracht und darüber hinaus war in Singen ein Haus von gläubigen Menschen günstig zu erwerben.

Was mir als leistungsabhängigem Menschen am meisten zu schaffen machte, war die Arbeitslosigkeit. Auf einmal gingen unsere drei Kinder morgens vor mir aus dem Haus. Das hatte es in unsrer Familie noch nie gegeben.

In der Region Hegau/Bodensee ist das Angebot an Arbeitsplätzen nicht gerade mit Stuttgart vergleichbar. Doch zu diesem Zeitpunkt war es regelrecht gut, dass ich zu Hause war, denn genau an dem ersten Tag, an dem ich arbeitslos war, wurde meine

Frau an der Bandscheibe operiert. So hatte ich die Aufgabe, den Haushalt und die Kinder zu versorgen.

In dieser Zeit erhielt meine Frau im Krankenhaus eine Karte von ihrem Chor mit einem Text von Dietrich Bonhoeffer: *„Gott gibt uns in jeder Notlage so viel Kraft, wie wir brauchen. Aber er gibt sie uns nicht im Voraus, damit wir uns nicht auf uns selbst sondern auf ihn verlassen. In solcher Zuversicht müsste alle Angst vor der Zukunft überwunden sein."*

Ist das nicht eine wunderbare Zusage? Doch leider bin ich einer dieser Menschen, die sich doch den Kopf darüber zerbrechen, wie es weitergeht. Wie lange würde es so gehen? Wo würde der Weg hinführen? Ich war nicht untätig und habe unzählige Bewerbungen geschrieben, leider ohne Erfolg. Der Sachbearbeiter auf dem Arbeitsamt machte mir Mut, ich müsste mehr Geduld haben.

Und dann kam meine Frau nach der Reha nach Hause. Zuversichtlich sagte ich zu ihr, dass wir es zusammen schaffen würden. Aber der Alltag hat uns dann sehr schnell gezeigt, dass es doch nicht so einfach war.

Um die Situation ein wenig zu entschärfen, habe ich als Busfahrer gearbeitet. Dabei zeigte es sich, dass es gut ist, wenn man mehrere Berufe ausüben kann. Ich wusste einerseits, dass ich gebraucht werde und andererseits fiel mir zu Hause die Decke nicht auf den Kopf.

Während dieser ganzen Zeit hat mich der Text von Bonhoeffer weiterhin beschäftigt. Der Fairness halber muss ich sagen, dass es, trotz des Dunkels um uns herum, nie so war, dass ich gar nichts mehr gesehen hätte. Zum Beispiel hatten unsere Kinder (16, 14, 12 Jahre alt) sehr viel Verständnis. Sie haben mir angeboten, auf ihr Taschengeld zu verzichten und haben mir in vielerlei Hinsicht Mut gemacht.

Diese schwere Zeit umfasste etwa drei Monate, dann ging es Schritt für Schritt wieder in Richtung Normalbetrieb. Von der Patentante meiner Frau bekamen wir Geld, um unseren VW-Bus reparieren zu lassen. Eine Spedition aus der Schweiz meldete sich und wollte mich als Disponenten haben. Und für unsere Eigentumswohnung in Stuttgart konnte ein Käufer gefunden werden.

Nie tiefer als in Gottes Hand, das haben meine Familie und ich ganz praktisch erfahren, und diese Erfahrung hat meinem Glauben an Jesus Christus einen enormen Schub gegeben. Seit dieser Zeit glaube ich ganz anders. Ich rede mit Gott wie mit einem guten Freund, weil er für mich damals so spürbar, nah und erfahrbar war und es bis heute noch ist. Als Höhepunkt in seinem Plan hat er mir nach einem turbulenten halben Jahr in der Schweizer Spedition noch einmal einen Arbeitsplatz geschenkt, den ich mir nie habe träumen lassen. Dort bin ich bis zum heutigen Tag tätig und kann Arbeitslosen helfen, wieder einen Job zu finden. Nun kenne ich auch die andere Seite.

Harald Haberer, Personalreferent, Jahrgang 1954, Singen

„Euer Herz erschrecke nicht ...“

Lange noch wird mir die Jahreslosung 2010 aus Johannes 14,1 in Erinnerung bleiben – immerhin hat sich mein Herz am 10. April des Jahres nicht nur „erschreckt“, sondern gleich einen sauberen Infarkt im Bereich der vorderen Herzkranzgefäße hingelegt. Und das mit 45 Jahren, ohne Vorwarnung! So dachte ich jedenfalls, denn im Nachhinein werden einem manche Zeichen schon bewusst. Und auch die „roten Ampeln“, die man überfahren hat.

Doch der Reihe nach: Als ich mich eines Morgens nach dem Aufstehen nicht so wohlfühlte und im Nackenbereich eine Verspannung spürte, dachte ich: „Diese besch… Grippe hält sich aber hartnäckig in deinen Knochen. Okay, schnell die letzte Grippostad eingeworfen und los geht's. Schließlich warten heute diverse Termine auf mich.“

Kurz danach klingelte das Handy: Der erste Termin wurde abgesagt. Auch nicht schlimm, so blieb mir mehr Zeit fürs Frühstück. Doch komisch, es wollte mir nicht so recht schmecken und kurz danach spürte ich den ersten Druck im Brustkorb, weshalb ich mich erst mal hinlegte und schwer atmete.

„Geht sicher wieder vorbei“, sagte ich, doch die Frau an meiner Seite machte ein ernstes Gesicht.

Sie fragt: „Soll ich den Notarzt rufen?“

Hm, falscher Stolz und die Schmerztoleranzgrenze eines Indianers ringen in mir und ich antworte mit einem tapferen, wenn auch zaghaften „Nein, nein …“

Aber unser fürsorglicher Gott hat mir nicht umsonst die Gefährtin gegeben, die *um mich sei* und die nicht locker lässt. Wir erreichen schließlich den ärztlichen Notdienst und inzwischen bin ich schon recht wackelig auf den Beinen und vor Anstrengung gebeugt. Der junge Arzt macht ein EKG, kann aber keine akute Gefahr feststellen und schickt uns mit einem Rezept für ein Schmerzmittel heim.

Tatsächlich liege ich später zu Hause gute drei bis vier Stunden friedlich schlummernd mit Wärmflasche im Bett und fühle mich abends schon wieder so fit, dass ich die Bandprobe in unserer Kirche nicht absage.

Auch am nächsten Morgen bin ich zwar schwach, aber singfähig und leiste meinen musikalischen Dienst im Gottesdienst. Als Krönung höre ich an diesem Tag eine Predigt von Clemens Bittlinger über die Auferweckung des Lazarus – der Humor Gottes kann manchmal recht ungewöhnlich sein. Allerdings werde ich mir der prekären Situation, in der ich mich gerade befinde, erst Tage später bewusst.

Auf Drängen meiner besseren Hälfte bin ich Montagfrüh beim Hausarzt – und dem macht mein EKG schon Sorgen. So lande ich schließlich nachmittags im örtlichen Krankenhaus, wo sie mich aufgrund meines Blutbildes gleich zur Beobachtung auf die Intensivstation bringen. Komisch, obwohl ich direkt von der Arbeit mit meinem eigenen Auto – sozusagen zwischen zwei Terminen – mal eben zur Untersuchung vorbeigeschaut habe, darf ich ab sofort keinen Schritt mehr selber gehen.

Ich rufe noch schnell meine Frau an, sie kommt später vorbei, und danach bin ich für die Außenwelt nicht mehr erreichbar. Ich spüre nur, dass unser Hauskreis, der an diesem Abend bei uns zu Hause stattfindet, mich kräftig in die Gebete einschließt.

Eine unruhige Nacht vergeht: Neben mir befinden sich diverse Notfälle, die alle fünf bis zehn Minuten betreut werden müssen. An Schlafen ist nicht zu denken. Die Chefarztvisite am frühen

Morgen ist sich nicht ganz einig über meinen Zustand und beordert mich ins Kreiskrankenhaus, das für solche Fälle besser ausgerüstet ist.

So langsam wird mir der Ernst der Situation wirklich bewusst. Und obwohl ich keine Schmerzen habe, bin ich doch sehr schwach. Im Kreiskrankenhaus angekommen wird schleunigst eine Untersuchung per Herzkatheter angeordnet. Trotz der Anspannung fühle ich mich seltsam ruhig, unterhalte mich fröhlich mit den Ärzten und Pflegern und spüre eine angenehme Geborgenheit.

„Staunend habe ich erkannt, ich bin in deiner Hand und du lässt mich nicht los …" Die Liedzeile von Peter Strauch, die wir am Sonntag im Gottesdienst gesungen haben, läuft als Endlosschleife in meinem Kopf ab, während die Ärztin den Eingriff vornimmt und mir einen Stent verpasst.

Danach nimmt sich mein Körper die Ruhe, die er dringend braucht. Irgendwann am frühen Abend nehme ich meine Frau am Krankenbett wahr. Wieder hat sie die nicht beneidenswerte Aufgabe, Termine abzusagen, Menschen zu informieren und ihnen zu erklären, was passiert ist. Eine Tagung habe ich heute schon verpasst und auch der Aufzeichnungstag von drei Fernsehsendungen morgen wird ohne den Redakteur stattfinden müssen. Aber jetzt spüre sogar ich, dass dieses ganze Programm in meinem momentanen Zustand nicht zu schaffen gewesen wäre.

Die folgenden Tage ist mein Kopf immer noch zu voll, um richtig zur Ruhe zu kommen. Termine und Projekte werden an Kollegen delegiert, nur ganz nötige Telefonate nehme ich selbst wahr und muss leider meinem Zimmernachbarn recht geben, der sagt: „Wenn Sie so weitermachen, haben Sie bald den nächsten Infarkt."

Es dauert noch bis Mitte der nächsten Woche – inzwischen bin ich mit meiner Frau auf dem Weg zur Reha – bis ich wirklich zur Ruhe komme und mir langsam bewusst wird, was letztlich zu diesem Ereignis geführt hat: „Du kannst nicht immer Vollgas fahren."

Mein Schöpfer hat mir viele Begabungen und Ideen mitgegeben, dazu den Wunsch, sie umzusetzen, und die Möglichkeit, mein Leben selbst zu gestalten. Aber er hat mir auch Grenzen gesetzt: Kräftemäßig, gesundheitlich, zeitlich. Und er hat mir Menschen zur Seite gestellt, die auf mich aufpassen: Freunde, die mich gut genug kennen, um mir die Wahrheit zu sagen – und nicht zuletzt eine Frau, die mich in allem erträgt, aber mir auch deutlich machen kann, was jetzt gerade dran ist und was nicht!

Heute – zwei Jahre später – jogge ich meine morgendlichen Runden durch den Wald und bin Gott immer noch unendlich dankbar, dass er den Schrecken meines Herzens in ein neues Vertrauen in den Weg gewandelt hat, den er mit mir gehen möchte. Der Weg ist dadurch nicht unbedingt leichter oder klarer geworden – oft genug habe ich den Eindruck, dass Gott mir ganz schön was zumutet. Aber es bleibt ein gesundes Grundvertrauen in den Schöpfer, der nur das Beste für mich will. Trotz oder gerade durch einen „Schuss vor den Bug".

Volker Gruch, freier Musikjournalist und Immobilienmakler, Jahrgang 1965, Fürth/Odw.

Sprachlos

Eigentlich habe ich jetzt gar keine Lust zum Reden. Ich sitze hier im kleinen Gebetsraum des Klosters. Meine Schuhe stehen vor der Tür, wir beide sind ungestört. Du hast auf mich gewartet. Was soll ich sagen? Mit fällt nichts ein.

Meine Gedanken schweifen einige Monate zurück. Diese Großaktion im Herbst, als ich mich mutig in einen wochenlangen Arbeitsmarathon geworfen habe, um dein Wort in der Öffentlichkeit auf einer großen Regionalmesse zu präsentieren. Den Auftrag hattest du mir ganz deutlich erteilt, da bin ich mir heute noch sicher. Die Aktion hat mich einen Batzen Geld gekostet, für den eine dreiköpfige Familie einen schönen Urlaub hätte machen können. Im 4-Sterne-Hotel auf Teneriffa, nicht in einer Pension im Bayerischen Wald. Ein paar anstrengende Diskussionen habe ich auf dieser Messe geführt: ob du wirklich existierst oder ob du nur eine psychologische Einbildung, eine historische Erfindung bist. Die meisten Messebesucher haben sich jedoch nur für kostenlose Kugelschreiber und Gummibärchen interessiert. Bibeln habe ich nicht viele verkauft, und dass jemand dadurch zum Glauben gefunden hätte, davon weiß ich nichts. Ohne Spesen nix gewesen. Und hinterher: von wegen Segen! Umsatzrückgänge und fast kein Tag ohne Ärgernisse und Schwierigkeiten im Geschäft. Wochenlang geht das schon so. Nein, ich sag lieber nichts.

Ach ja, und dann der Sonntag, an dem eine junge Frau feierlich in unsere Gemeinde aufgenommen wurde. Wie sich die Eltern gefreut haben! Ich saß da und dachte an mein gleichaltriges Kind, das ganz andere Wege geht. Habe ich nicht auch jahrelang von dir erzählt, biblische Werte in der Erziehung vermittelt, versucht, ein gutes Beispiel zu sein? Warum lässt du die Saat da aufgehen und dort nicht? Das tut weh, Jesus! Wenn ich jetzt etwas sage, kommt nichts Nettes dabei heraus.

Irgendwie – so kommt es mir vor – stehe ich immer ganz hinten in der langen Schlange vor deinem Segensschalter. Wenn ich dann endlich dran bin, rasselt das Rollo runter. „Segensausgabe geschlossen". Was soll man da noch sagen?

Und dann stirbt gestern auch noch das kleine Baby von lieben Freunden. Auf der Fahrt hierher habe ich es erfahren. Warum hast du es ihnen erst geschenkt, um es nach ein paar Wochen wieder wegzunehmen – einfach so? Da fehlen einem die Worte.

Ganz falsch, denken Sie jetzt wahrscheinlich, *diese Frau denkt ganz falsch. So darf man nicht denken.*

Stimmt. Aber ich denke es trotzdem, ich kann gar nicht anders. Dass ich mich dafür schäme, macht es auch nicht einfacher.

Immerhin sage ich ja nichts. Obwohl ich weiß, dass das nichts nützt – ER sieht ja sowieso in mein Herz.

Ach, Jesus, kannst du nicht mal woanders hingucken?!

Doch dann sprichst du zu mir: „Her damit!" Sanft, aber deutlich.

„Her mit was?"

„Mit deiner Wut, deinem Frust, deinem Schmerz und der Enttäuschung. Mit dem Selbstmitleid, der Scham. Und vor allem: deiner Schuld. Her damit!"

„Alles?"

„Alles!"

„Alles" ist ziemlich viel. Das vorher Unsagbare schwimmt auf einem Schwall Tränen aus mir heraus. Viele Minuten lang. Hinterher bin ich ganz ruhig im Herzen und angenehm leer im Kopf. „Danke!", sage ich leise. Mehr fällt mir nicht ein.

„Der Sand soll blühen. Das ist Gottes Verheißung über allen Wüsten deines Lebens.“ Dieses Wort gibst du mir kurz darauf als Losung für das kommende Jahr.

In den folgenden Monaten sehe ich, wie sich deine Verheißung erfüllt. Die Geschäftswelt um meinen Laden bleibt eine große Wüste. Mein tägliches Brot verdiene ich wirklich „im Schweiß meines Angesichtes“. Manch privater Sandsturm droht, mich wegzuwehen. Aber immer wieder passieren Dinge, mit denen ich nie rechnen konnte. Irrwitzige, gute Dinge, bunt blühender Sand. Segen.

„Siehst du“, erinnerst du mich jedes Mal liebevoll, „ich hab's Dir doch versprochen.“

Ein Jahr später sitze ich wieder mit dir im kleinen Gebetsraum. Du hast auf mich gewartet. Wir sind ungestört. Ich freue mich auf dich. Worüber wollen wir zuerst reden?

Sabine Dittrich, Buchhändlerin und Autorin, Jahrgang 1962, Gattendorf, www.erbendesschweigens.de

„Ich kannte dich vom Hörensagen …“

Es fing mit dem Ende an. Mit meinen eigenen Ende. Zutiefst verzweifelt und frustriert verbrachte ich auf meinem persönlichen Tiefpunkt im Frühsommer 2011 zwei Monate in einer psychotherapeutischen Klinik. Der Grund für meine Therapie war ein Burn-out, der mich schleichend ereilt hatte. Denn in vielen Belangen überging ich mich selbst und blieb dann am Ende ausgebrannt auf der Strecke. Negative Gefühlsstrudel nahmen mich mehr und mehr gefangen und zogen mich abwärts. Meine Stimmung und meine gefühlte Lebensperspektive waren konstant über undenkbar lange Zeit im Keller. Um mich war alles schwarz. Ich war mit mir schlicht am Ende. In diesen Depressionssümpfen gediehen meine tagtäglichen Suizidsehnsüchte prächtig und katapultierten mich in beständige Todesgedanken. Mein eigenes Ende war mir beständig vor Augen. Es war für mich unbegreiflich, warum Gott diese Situation zugelassen hatte. Denn schließlich war ich Christ. Ich hatte schließlich eine Beziehung zu Gott. Also schrie ich zu ihm und bettelte ihn immer wieder an, mir nun endlich zu helfen. Ich erwartete von ihm, dass er mein Leben leichter und angenehmer macht. Er sollte mir die Schwere des Lebens nehmen. Es gibt so viele Geschichten in der Bibel, wo er unglaubliche Wunder tut und von außen in die Nöte der Menschen eingreift. Ausgerechnet bei mir wollte er es nicht tun. Ja, ich konnte ihn noch nicht mal sehen, denn Gott war irgendwie abgetaucht. Und genau das verwirrte mich unendlich und ließ mich völlig verzweifeln. Es kam mir vor, als würde Gott mich opfern. Es gab einen lebenden Gegenbeweis, dass Gott – so dachte ich – *keine* Liebe ist: nämlich mich. Ich war maßlos von ihm enttäuscht. „Wieso opfert Gott mich? Warum tut er das mit mir?“ Auf diese Fragen bekam ich keine hilfreiche Antwort. Und das weckte Rachegelüste in mir: Ich wollte Gott zeigen, wie lieblos er ist, und richtete meine zerstörerische Energie auf meine engsten Beziehungen – in erster Linie auf meine Frau. Ich wollte zerstören, weil ich zerstört war. Ich wollte Sinn nehmen, weil mir der Sinn gestohlen wurde. Und das tat ich dann auch … Ich tat, was Beziehungen zerstört: Ich griff nach der verbotenen Frucht. In vollem Bewusstsein der Konsequenzen schlief ich mit einer anderen Frau und zerstörte die Ehe mit meiner Frau. Ich rächte mich. An meiner Frau. Vielleicht an meinen Eltern. Und am meisten an Gott.

Durch diese Handlung hatte sich der Status quo meines Problems aber nun verlagert. Anstatt „nur“ ein kompliziertes Depressions- und Gottesproblem zu haben, hatte ich nun noch eine bis in die Grundfeste zerstörte Ehe. Zwar lief unsere Beziehung auch vor meinem Vergehen nicht immer ganz rund, doch das war für andere kaum sichtbar, und auch mir selbst war es nicht immer so ganz klar. Aber spätestens jetzt, nach meinem misslichen Treubruch, lagen die Karten auf dem Tisch. Die ungeschminkte Wahrheit war ans Licht gekommen. Vollumfänglich und öffentlich, peinlich und vernichtend. Ich brach meiner Frau das Herz, ich brüstete mich damit und zeigte der ganzen Welt, dass man sich auf Gott nicht verlassen kann.

Doch ich hatte Glück (verdient hatte ich das nicht). Denn ich habe eine kämpferische Ehefrau. Was jetzt nämlich folgte, war genau das, was ich brauchte: Wir gingen gemeinsam zu einer Paarberatung. Anfangs war ich nur widerwillig und halbherzig dabei, ich fühlte mich oft ohnmächtig und betrogen. Es war für mich sehr anstrengend, vor einem anderen Menschen *gemeinsam* mit meiner Frau über uns und unsere Probleme zu reden. In den Therapiesitzungen kam so vieles ans Licht, was ich gar nicht im Licht sehen wollte. So vieles aus meiner eigenen Haltung wurde deutlich und wurde im Beisein meiner Frau offen und klar gesagt. Das tat weh, richtig weh. Was ich über mich herausfand, konnte ich manchmal kaum wahrhaben. Doch es war so wichtig, dass die ungeschönte Wahrheit ans Licht kam! Denn erst auf diesem Weg kamen wir an mein Herz, wo so manches gefräßige Monster nicht entdeckt werden wollte. In dieser Zeit wollte ich oft das Handtuch werfen. Eine Krise zu haben und sich beraten zu lassen, ist wirklich sehr anstrengend. Und es hat alle Konzentration und Kraftreserven gebraucht, um den Blick immer wieder auf mein eigenes Herz zu richten. Was mir sehr geholfen hat, ist, dass wir über Wochen und Monate alle Türen zur Außenwelt radikal zugemacht haben. Wir haben uns in der Auseinandersetzung mit unseren Problemen in unsere eigenen vier Wände zurückgezogen. Das begünstigte die Verarbeitung ungemein. Und Stück für Stück folgte nun eine ganze Kette von Heilungsprozessen. Jeder Prozess fing mit einer nüchternen Entscheidung an; oft zu dem Thema, das soeben in der Beratungsstunde als schädigend und zerstörerisch ans Licht gebracht worden war. Es galt jetzt, einfach nur „das Richtige“ zu tun, auch wenn ich mich oft gar nicht danach fühlte. Und es dauerte meistens ziemlich lange, bis ich dann die richtige Entscheidung tief in mir gefällt hatte und bereit war, den Weg zu gehen. Denn erst nach der „engen Pforte“ der Herzensentscheidung kam der eigentliche Weg. Ein langer und steiniger Weg. Ein Weg gegen die Bequemlichkeit. Aber ein Weg der Heilung.

Als ich unsere Situation – und ganz besonders meine eigene Lebenssituation – Anfang/Mitte 2013 reflektierte, stellte ich fest, dass sich etwas verändert hatte. Die Krise dominierte unser

Leben nicht länger. Es fühlte sich alles nicht mehr so schlimm an wie noch im Jahr 2011. Denn nun war unsere Beziehung zueinander schön (ich traute mich anfangs kaum, mir das einzugestehen). Für mich war es nahezu unglaublich, dass wir tatsächlich Heilung erlebt haben. Denn es wurde nicht lediglich nur der Ursprungszustand vor meinem Ehebruch wiederhergestellt, sondern etwas Heiles und Neues ist wie eine zarte Pflanze aufgegangen. Als ich mich fragte, wie es zu der guten Ehe-Beziehung und meinem „Ja“ zum Leben kam, erschien es mir zunächst nur als eine logische Folge unserer richtigen Entscheidungen: Saat und Ernte. Doch mir wurde rasch klar, dass hier mehr dahinterstand, deutlich mehr. Ich bin überzeugt, die Wahrheit ist, dass Gott sich an unserer Biografie beteiligt hat. Genauso offensichtlich und überwältigend unser Problem 2011 noch war, so offensichtlich lag nun 2013 Gottes Heilung in der Luft. Er steht hinter unserer Heilung. Gott steht hinter allem echten Guten. Also auch hinter den guten Entscheidungen meines Lebens.

Der Schmerz unseres finsteren Tals hat sich in den Lobpreis seines Namens gewandelt. Bis zur existenziellen Lebenskrise 2011 kannte ich Gott nur vom Hörensagen, meiner bis dahin relativ christlichen Lebensweise zum Trotz. Ich war Christ und ernsthaft um eine lebendige Beziehung mit meinem himmlischen Vater bemüht. Doch irgendwie war die Beziehung oft so unecht und flach. Jetzt aber, nachdem seine Hand mein Herz berührt und mein Leben geheilt hat, hat sich etwas grundlegend verändert: „Vom Hörensagen hatte ich von dir gehört, aber nun hat mein Auge dich gesehen“ (Hiob 42,5; Schlachter).

Viktor Nachtigall, Auftragsabwicklung, Jahrgang 1983, Wiesbaden

Gott, wo bist du?

Was wäre das für eine Erleichterung im Glaubensleben, wenn Gott sichtbar wäre. Wenn wir mit ihm unter vier Augen sprechen, ihn berühren und direkt mit unseren Anliegen erreichen könnten. Leider ist das keine Realität. „Gott nahe zu sein ist mein Glück!“, so lautet die Jahreslosung von 2014. Theoretisch weiß ich natürlich, dass Gott da ist, dass er in uns lebt und jeden Schritt mit uns geht. Aber wo ist er ganz praktisch, wenn ich ihn dringend brauche?

Gerade herrscht „geistliche Windstille“ zwischen mir und Gott. Ich nehme ihn nicht wahr, er erscheint mir fern, abgewandt und ohne Interesse für mich. Mehrere Menschen in meinem Umfeld sind überraschend schwer erkrankt, Beziehungen zu Freunden verlaufen im Sand, für die Gemeinde habe ich zu wenig Zeit, und beruflich komme ich nach einer Krankheit nur mühsam auf die Beine.

Wo ist die Freiheit in Christus, das Leben in Fülle, das übernatürliche Eingreifen Gottes, der alles zum Guten wendet und seine Herrlichkeit damit offenbart? Gebete scheinen ungehört zu bleiben, an der Zimmerdecke zu verhallen und ohne Wirkung zu sein. Dabei gibt es doch so viele Verheißungen in der Bibel: „Rufe mich an in der Not, so will ich dich erretten“, oder der bekannte Vers: „Wer bittet, dem wird gegeben. Wer sucht, der wird finden.“

Fürs Bibellesen habe ich in letzter Zeit kaum mehr die nötige Ruhe. Ich will Antwort auf meine Fragen. Plötzlich kommt mir ein Gedanke: *Geh raus in die Natur, auf die Felder! Vielleicht begegnest du dort Gott.*

Also folge ich diesem Impuls, ziehe mich an und laufe los. Gerade als ich unterwegs bin, beginnt es zu regnen. Erst sind es nur einzelne Tropfen, dann wird der Niederschlag immer stärker. Der Wind frischt auf, wird immer stärker. Die Wolken brauen sich zusammen, es wird düster am Himmel. Die Windstille ist beendet – auch die geistliche? Ich bin mitten auf einem Feldweg unterwegs, kein Baum, kein Schutz vor Wind und Wetter in der näheren Umgebung.

Irgendwie verspüre ich plötzlich das Bedürfnis, mit Gott zu sprechen. Es wird immer stürmischer und schwerer, vorwärtszulaufen, der Wind will mich zurückhalten. Ich beginne zu beten und muss an Jakob denken, der eines Nachts am Fluss Jabbok mit Gott kämpfte. Ringe ich Gott hier eine Antwort ab, weshalb er nicht eingreift, Heilung schenkt, Beziehungen repariert und damit seine Macht demonstriert?

Gott, ich gehöre allein dir. Mein Leben liegt in deiner Hand. Lass es mir zum Besten dienen nach deinem Plan für mein Leben. Herr, ich weiß, dass ich Fehler mache und in den letzten Wochen zu wenig Zeit fürs Beten und Bibellesen aufgebracht habe. Du willst eine Beziehung zu uns Menschen. Aber bitte versteh doch, dass ich mir dein Eingreifen in die momentane Situation so sehr wünsche! Zeig deine Macht, deine Herrlichkeit. Bitte vergib mir, wenn ich versage und gegen deinen Willen handle. Verändere mich, und gibt mir ein ungeteiltes Herz, das dir nachfolgen will.

Noch bevor ich „Amen“ sage, bemerke ich, wie der Himmel aufreißt. Die dunklen, bedrohlichen Wolken gleiten langsam beiseite, erste Sonnenstrahlen kommen durch, werden intensiver, und es hört augenblicklich auf zu regnen. Binnen weniger Sekunden hat sich der Himmel komplett verändert.

Aber dieses Gewitter ist nicht folgenlos geblieben. Es hat Spuren hinterlassen: Ich bin total durchnässt, aber ich spüre, dass mir diese Situation gutgetan hat. Gott ist sichtbar geworden. Er hält die Welt in seinen Händen, er trägt mich. Mich hat diese Erfahrung bestärkt: Gott begegnet mir in seiner Schöpfung und gibt mir das, was ich brauche. Eine Antwort auf meine Frage, warum das alles passiert, habe ich nicht bekommen. Die Anfechtung – wenn meine Lebenssituation und alles andere scheinbar gegen Gottes Verheißungen sprechen – führte mich von Gott weg, aber um die Krise zu überwinden, führte der Weg langfristig nur zurück zu Gott und seine offenen Arme. Zu einer Begegnung mit dem allmächtigen Gott. Obwohl ich von Gott enttäuscht bin, schöpfe ich Zuversicht allein aus dem, der mich geschaffen hat. Wenn ich ihn wirklich von ganzem Herzen suche, dann lässt er sich auch finden – wenn auch auf eine ganz andere Art und Weise, als ich gedacht hatte.

Leider bekommen wir manchmal nicht das, was wir wollen, aber das, was von Gott kommt, ist noch viel besser. Bei mir war es die Zuversicht, ihm zu vertrauen, und ich durfte erleben, wie nah er mir doch ist – und wenn es Zeit ist, wird er eingreifen. Ich kann spüren: Gott ist da, er trägt und hält mich, steht zu seinem Wort. Er weiß um meine Sorgen, um die dunklen Wolken, die sich über mir zusammenbrauen und ein Gewitter ankündigen. Aber längst nicht aus allen Wolken wird auch ein Unwetter – weil unser Schöpfer auch die Wolken vorbeiziehen lassen kann. Egal, ob wir Gott spüren oder nicht, er hat versprochen: Gott nahe zu sein ist wirklich mein Glück!

Andreas Schmierer, Theologiestudent, Jahrgang 1992, Oberstenfeld

Zwischenzeugnis

Der Tag, an dem es Halbjahreszeugnisse gab, veränderte mein Leben ein für alle Mal, radikal und komplett. Jetzt, nach fast zwei Jahren, frage ich mich: *Ist es wirklich passiert und was ist dir da eigentlich passiert? Es scheint alles so unwirklich.*

Es war ein Freitag. Seit einiger Zeit litt ich unter Eisenmangel. Nachdem die Zeugnisse ausgeteilt waren und die Schule ihre Tore geschlossen hatte, fuhr ich noch schnell zu meinem Arzt, um mir meine Eiseninfusion abzuholen. Aus dem „schnell" wurde „länger", denn ich erlitt einen allergischen Schock und wurde mit Blaulicht ins Krankenhaus gebracht. Nach einigen Stunden ging es mir besser. Herz und Lunge wurden mit gutem Ergebnis untersucht und ich hoffte auf eine Entlassung. Leider stellte sich heraus, dass mit meinen Blutwerten etwas nicht stimmte, und so blieb ich. Es folgten etliche Untersuchungen.

Es war wieder ein Freitag. Ich saß in meinem Krankenhauszimmer auf meinem Bett. Neben mir standen meine gepackten Koffer, denn ich sollte an diesem Tag entlassen werden. Und dann kamen die Ergebnisse einer Untersuchung: Krebs. Aus heiterem Himmel kam die Diagnose, es traf mich wie ein Schlag, damit hatte ich nicht gerechnet. Eigentlich war nach einer Entzündung gesucht worden und jetzt hatte ich Krebs! Erstaunlich ruhig blieb ich und meine erste Reaktion auf diese Nachricht war: „Gut, dann wissen wir, warum es mir so schlecht geht." Meinen Eltern konnte ich diese Nachricht nicht überbringen und so half mir der Arzt dabei. Es war unangenehm, die Angst und die Fragen in den Gesichtern meiner Eltern zu sehen.

Abends saß ich allein mit meinen Gedanken in meinem Zimmer: *Ich und Krebs ... das bekommen doch immer nur die anderen. Wie kann das sein? Ich bin doch noch so jung, habe Träume und noch so viele unerreichte Ziele. Was ist jetzt mit meinen Zielen?* Das Ganze war so unwirklich. *Muss ich jetzt sterben?* In Gedanken schrieb ich schon Abschiedsbriefe und überlegte mir, wer meine Wohnung ausräumen würde. *Wie viel Zeit bleibt mir noch? Kann ich mich noch von meiner Familie, Verwandten und Freunden verabschieden? Oder werde ich schon sehr bald sterben? Was hat Gott sich dabei nur gedacht? Ist er noch auf meiner Seite? Will er mich schon bei sich haben?* Ich verstand die Welt nicht mehr. Während mir viele Gedanken durch den Kopf schwirrten, fing ich an, meine Koffer wieder auszupacken. Ich blieb also doch noch länger. Der Gedanke, dass Gott mich bald bei sich haben wollte, blieb. Die Vorstellung, bei IHM im Himmel zu sein, entlockte mir ein Lächeln, und mir wurde bewusst, dass ich mir keine Sorgen zu machen brauchte. Gott hat mein Leben geplant und hält mich in seiner Hand. Auch wenn ich diese Krankheit nicht verstand und den Ausgang nicht kannte, so wusste ich doch, dass ich mich auf Gott verlassen kann. Psalm 39 kam mir in den Sinn und ich schlug ihn in meiner Bibel auf. Schon während des Lesens beruhigte ich mich und ich bekam eine tiefe Gelassenheit. Gott kennt mich, und er weiß, was mich bewegt, er schützt und trägt mich. Was für ein Gott, der Dunkelheit mit strahlendem Licht ausfüllt. So einem Gott kann ich mit ruhigem Gewissen vertrauen.

In den folgenden Tagen fanden viele Gespräche mit den Ärzten statt. Zu meiner Erleichterung stellte sich heraus, dass die Heilungschancen bei meiner Krebsart gut sind. Allerdings würde die Chemo sehr anstrengend werden. Ebenso sollten eine Operation und weitere Untersuchungen folgen, um den genauen Typ des Krebses zu bestimmen. Auf der Grundlage dieser Ergebnisse wurde die Chemotherapie festgelegt. Im geschützten Rahmen des Krankenhauses akzeptierte ich die Diagnose schnell. Ich wurde unter anderem darauf vorbereitet, dass mir die Haare ausfallen würden. Na ja, wenigstens tat das nicht weh. Klar, sie würden auch wieder nachwachsen. Dennoch fand ich in meinem Bekanntenkreis niemanden, der sich aus Solidarität eine Glatze rasieren ließ. In der Krankenhauszeit las ich immer wieder Psalm 39.

Nach insgesamt drei Wochen Krankenhausaufenthalt wurde ich entlassen. Zu Hause in meiner Wohnung begriff ich, dass die Zeit im Krankenhaus wirklich passiert und kein Albtraum gewesen war. Mein Leben und meine Ziele wurden mir wieder bewusst. Jetzt musste ich stark sein, meine Ziele wegpacken und Gott vertrauen. ER hatte einen anderen Plan für mich und mein Leben. Was blieb mir anderes übrig, als mich darauf einzulassen? Aber was war, wenn ich wirklich schon sterben musste? Ich stieß auf einen Spruch von Václav Havel, der mir zu Herzen ging:

„Hoffnung ist nicht die Überzeugung, dass etwas gut ausgeht,
sondern die Gewissheit, dass etwas Sinn hat,
egal, wie es ausgeht."

Falls ich jetzt also doch schon sterben sollte, mein Leben und mein Glauben an Gott machten auf jeden Fall Sinn. Es muss nicht immer gut ausgehen, dennoch kann es trotzdem gut gewesen sein.

Während der Chemo begegnete ich vielen Patienten. Einer davon war sehr verbittert und schimpfte auf Gott: „Es macht ihm Spaß, mich so zu quälen." Das stimmte mich sehr traurig, und ich fragte mich mal wieder, welche Rolle Gott in meinem Leben spielte. Ich weiß, dass Gott alles in der Hand hat, er macht keine

Fehler, also warum gibt es überhaupt Krankheiten? Für mich ist Gott ein liebender Gott, der seine Kinder nicht gern leiden sieht. Ich glaube sogar, dass Gott mitleidet und es ihm unwahrscheinlich leidtut, wenn es uns nicht gut geht. Gerade in der Krankheit erfuhr ich, wie nah Gott mir war und wie er mich getragen hat. Ich war nicht allein. Eine tiefe Dankbarkeit durchströmte mich. Ich war froh, medizinisch so gut versorgt zu sein. Die Möglichkeit einer Chemo bestand, gegen die Übelkeit und die Schmerzen konnte ich auch Medikamente bekommen, und ich musste mir finanziell keine Sorgen machen. Außerdem unterstützten mich meine Familie und Freunde. Ich wusste, dass sehr viele Menschen auf der ganzen Welt, von Japan über Afrika, Südamerika und Europa, in Deutschland und in meiner Heimatstadt für mich beteten. In vielen Stunden, an vielen Tagen konnte ich nicht mehr beten, mir fehlten die Kraft und auch die Worte, aber ich wusste, dass ich mich auf die Gebete meiner Freunde und Bekannten verlassen konnte. Vielen Dank!

Ohne Komplikationen überstand ich die Chemotherapie. Es folgte ein kurzer Urlaub in Holland. Kindheitserinnerungen wurden geweckt und ich genoss den Strand, die Sonne und meine Familie. Besonders sammelte ich Kraft für die kommende Zeit, die Bestrahlung sollte folgen. Dreieinhalb Wochen lang, fünf Tage die Woche fand die Bestrahlung statt. Es musste eine Maske für den bestrahlten Bereich – den Hals – angefertigt werden. Mit großer Gelassenheit ging ich der Behandlung entgegen und dachte: *Es wird schon nicht so schlimm, das mache ich so nebenbei.* Aber die Bestrahlung haute mich um. Körperlich ging es mir so schlecht, dass ich nochmals für zwei Wochen ins Krankenhaus musste. Eine harte Zeit, die mir sehr viel Kraft raubte und mich forderte, folgte. Mir kam Vers 9 aus Josua 1 in den Sinn. Dieser Vers hatte mich schon mal eine Zeit meines Lebens begleitet. Kurz bevor ich ins Krankenhaus kam, fand ich einen kleinen Zettel an meiner Pinnwand mit diesem Vers: „Sei mutig und entschlossen. Lass dich nicht einschüchtern, und hab keine Angst! Denn ich, der Herr, dein Gott, bin bei dir, wohin du auch gehst." Ich bin nicht allein, Gott ist bei mir. Danke für dieses Versprechen!

Jetzt, nach fast zwei Jahren, kämpfe ich mich wieder ins Leben zurück. Eine weitere Herausforderung, aber das ist wohl eine andere Geschichte.

Annika E., Lehrerin, Jahrgang 1979, Gießen

Ein Blick zum Hirten

Die Welt rast an mir vorbei. Voller Energie und Freude schwebe ich geradezu mit meinen Inlinern durch die Natur. Der kalte und hoffnungslose Winter ist vorbei. Frühlingsluft, Vogelgezwitscher, der Duft von Sonnenmilch ... ich habe das Gefühl, mein Herz wacht auf aus dem Winterschlaf, reckt und streckt sich in den ersten Sonnenstrahlen.

Der Tag hatte schon so schön angefangen. Gesundes Frühstück auf der Terrasse noch im kuschligen Schlafanzug und mit zerzausten Haaren und der Bibel in der Hand – einfach noch ruhen in der Stille, bevor der Lärm des Tages mich in die harte Realität des Alltags zurückholt. Mittags dann ein kurzer Austausch mit meiner Mitbewohnerin und Freundin – von Herz zu Herz. Der Genuss von einem knackigen Salat mit frischem Schnittlauch. Ja, mein Herz begreift es mehr und mehr: Der Frühling ist da! Es gibt Hoffnung!

All diese Gedanken rasen durch meinen Kopf, während ich an Wiesen, Büschen und Bäumen vorbeidonnere – auf meinen Inlinern. Nach einer Weile komme ich an einem Fluss vorbei und kann einfach nicht der Versuchung widerstehen, meine Füße in das eiskalte Wasser zu tauchen. Das Plätschern des Wassers, die Sonnenstrahlen auf meiner Haut, das grüne Gras in meinen Augen. Wann war ich das letzte Mal so angetan von der Natur? Kein Mensch weit und breit. Nur die Gewissheit: Gott ist da! Auf dem Rückweg fahre ich langsamer, die Kraft in den Beinen wird weniger, und auch mein Herz wird langsam wieder schwerer. Die reale Welt holt mich wieder ein. Sorgen, Ängste ... Wo vorhin noch die Sonne auf meine Haut schien, überschatten mich nun die Wolken.

Wieder einmal trage ich meine Liebsten im Gebet vor Gott. Einen nach dem anderen. Alle Menschen, Familienmitglieder und Freunde, die meinem Herzen so nah sind, haben so viel zu tragen. Und doch bekomme ich es einfach nie auf die Reihe, treu für jeden zu beten. Während ich nun langsamer durch die Landschaft fahre, versuche ich es aufs Neue. Einen nach dem anderen. Ein Anliegen nach dem anderen. Ein Leiden nach dem anderen. Atemlos habe ich das Gefühl, in all dem Leid unterzugehen. Das Leid nimmt kein Ende. Ich habe das Gefühl, die Warteschlange der Menschen, die ich Gott anbefehlen muss, wird immer länger. Überall Leid, Schmerz, Verzweiflung, Trauer, Wut, Verletzungen, Sünde, Angst und Sorge. Gerade bin ich bei einer Person in meinem Leben angekommen, die den Weg von Gott weg eingeschlagen hat. Ich seufze hörbar.

Doch was ist das? Direkt vor mir läuft ein Schaf über meinen Weg. Ich wende meinen Kopf und sehe eine Schafherde! Mein Herz macht einen Aussetzer. Eine richtige Schafherde mit weißen und schwarzen Schafen? Sogar ein Hirte mit Hut und Stab sitzt etwas weiter entfernt auf einem großen Stein. Warum habe ich diese Begegnung genau jetzt, in diesem Moment? Allein das Bild einer Schafherde macht so viel mit mir! Das biblische Bild von Jesus als dem Hirten, wie er jedes seiner Schafe hütet und dem Verlorenen nachgeht. Dass er jedes Schaf beim Namen kennt.

Sofort verändert sich mein Blick auf die Dinge, und ich fange an, in jedem Schaf einen meiner Liebsten zu sehen. Da wäre ein Schaf – meine treue Freundin –, das ganz nah beim Hirten ist. Aber es hinkt – oh ja, ihr grausamer Arbeitsalltag bringt sie tatsächlich zum Hinken! Mitten in der Herde ist ein schwarzes Schaf, ganz unter weißen Schafen – mittendrin und doch nicht zugehörig. Sofort stelle ich auch Verbindungen zu meinen Herzensmenschen fest. Ja, und dann fällt mein Blick auf zwei Schafe, die sich von der Herde etwas abgesondert haben. Sie nähern sich fast schon etwas zu waghalsig einem Bächlein. Dieser Anblick lässt mich lautstark aufschluchzen. Natürlich denke ich sofort an die Person in meinem Leben, die gerade bewusst den gemeinsamen Weg mit Gott verlässt, die Herde verlässt und sich tatsächlich gefährlichen Wassern nähert. Mein Herz wird geradezu erdrückt von diesem Leiden und schreit innerlich nach Gott. Auch hier stelle ich sofort die Verbindung klar. Gott hat sich uns als der Hirte vorgestellt. Der, der sich um seine Schafe kümmert.

Plötzlich muss ich innehalten. Wo in dem ganzen Treiben befinde ich mich denn eigentlich? Der Hirte kann ich nicht sein, das ist Gott. Ein Adler, der darüber schwebt, oder der Hütehund? Nein, die Feststellung lässt mich die Luft anhalten: Ich bin auch ein Schaf! Ein ganz normales Schaf, mitten in der Schafherde! Diese Tatsache macht von einer Sekunde zur anderen mein Herz wieder leicht wie einen Vogel. Ich bin nicht dafür zuständig oder verantwortlich, dass die Schafe beim Hirten bleiben oder dass der Hirte auch tatsächlich grünes Gras für seine Schützlinge findet. Ich bin nicht dafür verantwortlich. Ich muss den Hirten nicht anbetteln, mir einen kleinen Gefallen zu tun.

Nein – ich bin nur ein Schaf. Und der Hirte macht schon längst seine Arbeit wie eh und je. Puh, mein Herz atmet sichtlich auf! Noch ein Blick zum Hirten genügt: Er hat seine Schafe im Blick! Gut, dann kann ich ja nun weiterfahren!

Voller Lebenslust donnere ich nun weiter über die Straßen, erfreue mich zu Hause an der Hyazinthe, die während meiner Abwesenheit die ersten Blüten geöffnet hat, und weiß nun ganz fest im Herzen: Der Hirte kümmert sich um seine Schafe und ich – Schaf – muss mich nicht erdrücken lassen von der Arbeit des Hirten. Denn: ER weidet mich auf einer grünen Aue und ER führet mich zum frischen Wasser – er erquickt meine Seele …!

Määäh!

Rebekka Meißner, Studentin des Studiengangs Heilpädagogik, Jahrgang 1992, Kieselbronn

MIX
Papier aus verantwortungsvollen Quellen
FSC® C014496

Verlagsgruppe Random House FSC® N001967
Das für dieses Buch verwendete FSC®-zertifizierte Papier
Munken Premium Cream liefert Arctic Paper Munkedals AB, Schweden.

1. Auflage 2014
Bestell-Nr. 816975
ISBN 978-3-86591-975-5

Umschlaggestaltung: Yannick Schneider
Umschlagfoto: Shutterstock
Satz: DTP Verlagsservice Apel, Wietze
Druck und Verarbeitung: GGP Media GmbH, Pößneck
Printed in Germany